HÉROES VERDAD

Las maravillosas historias de la Biblia

Merlin L. Neff

Pacific Press® Publishing Association
Nampa, Idaho
Oshawa, Ontario, Canada
www.pacificpress.com

Redacción: Miguel Valdivia
Diseño de la portada: Gerald Monks
Imágenes de la portada: Clyde Provonsha
Diseño del interior: Steve Lanto

Ilustraciones del interior
Robert Ayers—pages 8, 9, 24, 54, 56, 59, 71, 80, 87
Joe Maniscalco—pages 20, 23, 27, 30, 32, 35, 41, 47, 51, 56, 68, 79, 92
Clyde Provonsha—pages 1, 4, 5, 7, 10, 12, 14, 15, 16, 65, 73, 88, 89
John Steel—pages 18, 33, 43, 61, 63, 74, 85, 96

A no ser que se indique de otra manera, todas las citas de las Sagradas Escrituras
están tomadas de la versión Reina-Valera, revisión de 1960.

ISBN 13: 978-0-8163-9268-1
ISBN 10: 0-8163-9268-4

Printed in the United States of America

12 13 14 15 16 • 5 4 3 2 1

ÍNDICE

Capítulo 1

DIOS HACE EL MUNDO

Génesis 1, 2

Digamos que vemos un robusto roble de gran tamaño en una pradera. Ha soportado tormentas y vientos por casi cien años. Pero ¿cómo se originó? ¿De dónde vino?

Descubres al pie del árbol una diminuta semilla que contiene el secreto del roble. La semilla marrón, dura y fría, casi como una roca, ha caído al suelo. La luz del sol y la lluvia realizan su trabajo sobre la semilla, y pronto la vida escondida en el interior de su cáscara hace aparecer brotes que, finalmente, crecerán para convertirse en otro fornido roble.

La vida es un extraño misterio. ¿Cómo es que la vida está escondida en la semilla? ¿De dónde vino la vida por primera vez?

Volvamos al tiempo en que no había vida sobre la Tierra. Empecemos con el inicio de nuestro mundo. "En el principio creó Dios los cielos y la tierra. Y la tierra estaba desordenada y vacía, y las tinieblas estaban sobre la faz del abismo, y el Espíritu de Dios se movía sobre la faz de las aguas". Sí, nuestra tierra era un oscuro planeta cubierto de agua; no existían la tierra, las plantas ni los animales. ¡Sin vida, sin animales que se muevan, sin sonidos y sin luz!

Entonces, el sabio y amante Dios del cielo comenzó a hacer del mundo un bello hogar en el que las personas y los animales pudieran vivir. Cuando pensó en el mundo lleno de tinieblas, ordenó: "Sea la luz". Cuando habló, los rayos de luz irrumpieron a través de la oscuridad; y la luz brilló sobre la tierra cubierta por agua. Esa fue la primer mañana de la historia del mundo. Dios vio la luz y la llamó Día, y a la oscuridad llamó Noche.

En el segundo día, Dios habló nuevamente, y las aguas que cubrían la tierra fueron separadas de las aguas que había arriba de la tierra. Apareció así la clara bóveda celeste, y Dios la llamó Cielos. Sabemos que el cielo está lleno de aire, llamado atmósfera, que se extiende varios kilómetros por sobre la superficie de la tierra, y que el agua de la atmósfera es transportada por las nubes que ves flotando en el aire.

En el tercer día, Dios dijo: "Júntense las aguas que están debajo de los cielos en un lugar, y descúbrase lo seco". Entonces, las aguas sobre la tierra retrocedieron, enrollándose, para convertirse en los océanos; y la tierra seca surgió por sobre los mares por primera vez. Las colinas lucían altas y majestuosas, y los valles y las planicies se desplegaron por toda la tierra; pero las colinas y los valles todavía no eran hermosos, porque solo había tierra.

Pero Dios continuó su obra, y dijo: "Produzca la tierra hierba verde, hierba que dé semilla; árbol de fruto que dé fruto según su género, que su semilla esté en él, sobre la tierra". Y sucedió de pronto: los árboles, el pasto y las plantas aparecieron sobre el húmedo suelo que hasta el día anterior había estado cubierto por agua.

Cuando Dios vio el nuevo mundo, alfombrado con la hierba verde y decorado con flores multicolores, y contempló los bellos árboles cargados de frutas, ¡dijo que todo era muy bueno!

Hechos clave

Dios creó todo en el momento correcto. Se aseguró de que hubiera aire para respirar y pasto para comer antes de crear las vacas o los caballos.

Los árboles, la hierba y las flores crecen mejor bajo la luz del sol. En el cuarto día, Dios hizo que apareciera el sol. Sus cálidos rayos brillaron sobre las colinas y resplandecieron sobre los arroyos que surcaban los valles. A la tarde, después que el sol se había puesto, aparecieron la luna y las estrellas. Dios ordenó que el sol y la luna emitieran luz, y también separaran el día de la noche. Dijo: "Sirvan de señales para las estaciones, para días y años".

En el quinto día, Dios creó los peces que viven en el mar y los ríos. También hizo los pájaros y los insectos que vuelan en el aire. El nuevo mundo cobró vida repentinamente con el rápido movimiento de las alas. Los peces saltaban en los ríos, mientras que las abejas zumbaban y los grillos chirriaban entre las flores y el pasto. Grandes ballenas se deslizaban por el mar y expulsaban chorros de agua cuando salían a la superficie en busca de oxígeno. Zorzales, orioles, loros, águilas, patos, palomas, avestruces; aparecieron pájaros de todos los colores y tamaños. El canto de los pájaros hacía vibrar el aire con sus dulces melodías: la primer música de la Tierra. Una vez más, al terminar el quinto día, Dios contempló su obra y vio que era buena.

En el sexto día, Dios hizo a los animales de la tierra y los reptiles. ¡Piensa en la cantidad de criaturas que deambularon por primera vez por la tierra ese día! ¡Los bosques y los campos se llenaron repentinamente de vida con los elefantes, los leones, los caballos, las vacas, los monos, los canguros, los alces y miles de otros animales!

La tierra, cubierta por muchas clases de pasto, magníficos árboles y hermosas flores, ahora estaba llena de cantos de pájaros y los sonidos de los animales. El ciervo brincaba por el pasto. Los osos se trepaban a los árboles. Los leones rugían por las praderas. Pero los animales no eran salvajes ni feroces como los que vemos hoy, sino que eran mansos y no había que temerles. Por sobre ellos se extendía el cielo azul y la cálida luz del sol; señales del amor de Dios. Pero todavía faltaba algo. No había personas para que disfrutaran de este perfecto hogar.

Dios dijo: "Hagamos al hombre a nuestra imagen, conforme a nuestra semejanza". Formó el cuerpo de un hombre a partir del polvo de la tierra. Fue hecho a semejanza de Dios mismo. Luego, el Creador sopló aliento de vida en el cuerpo de barro, y el resultado fue ¡un ser humano viviente! Tenía una cabeza perfecta con ojos para ver, oídos para escuchar y una boca para hablar. Tenía fuertes brazos para cargar cosas y piernas robustas para caminar y correr por donde quisiera. Era un ser verdaderamente maravilloso, ¡hecho a la misma apariencia de Dios!

Pregunta para reflexionar

Dios creó a los seres humanos "a su propia imagen", lo que significa que nos creó para ser como él. ¿En qué formas somos como Dios?

Este hombre, Adán, era fuerte y saludable. Podía pensar y hablar, podía correr, podía nadar en los ríos y podía trabajar. Amaba a su

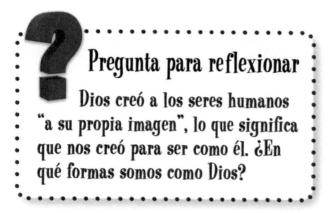

Creador y prestaba atención a todas sus instrucciones.

Adán contempló a cada animal. Vio al elefante balancear su trompa mientras lo miraba con sus pequeños y aguzados ojos. El ciervo estaba curioso, así que se acercó al hombre. Dios hizo que todos los animales desfilaran frente a Adán, y él les puso nombre a todos ellos. ¿Te hubiera gustado ponerle nombre a todos los pájaros y los animales? Adán tuvo que pensar en muchos nombres, para que cada uno se adecuara a las criaturas.

Adán vio que todas las criaturas vivientes estaban en pareja. Ninguna de ellas estaba sola. Comenzó a sentirse solo. ¿No había nadie en la Tierra que pudiera ser su compañera?

De esta manera, Dios hizo que Adán cayera en un profundo sueño. Luego, abrió el costado del hombre y tomó una de sus costillas. Dios moldeó la costilla, transformándola en otra criatura encantadora: una mujer. Esta es una maravillosa lección para nosotros.

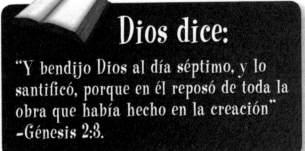

Dios dice:

"Y bendijo Dios al día séptimo, y lo santificó, porque en él reposó de toda la obra que había hecho en la creación" –Génesis 2:3.

La mujer que se convirtió en la esposa del hombre permanece a su lado como alguien igual a él. Ella no está por encima ni por debajo de él. Debe amar a su esposo y ser una fiel compañera en la vida.

Dios le presentó la mujer a Adán, él la amó, y ella se convirtió en su esposa. Y Adán le dio el hombre de Eva, porque ella era la madre de todos los seres humanos.

Al terminar el sexto día, Dios miró lo que había sobre la tierra, llena de seres vivientes que debían estar bajo el dominio del hombre y de la mujer, y vio que todo lo que había hecho era muy bueno. ¡La tarea de crear al mundo había terminado en solo seis días! La corona de esta obra eran las personas, que fueron formadas a la imagen de su Creador.

En el séptimo día, Dios reposó de su obra. Hizo del séptimo día de la semana un tiempo especial en honor del nuevo mundo que había creado. Dios bendijo el séptimo día y lo separó de los otros seis días de la semana como un tiempo para que las personas descansaran y recordaran al que hizo el mundo y los creó. Nosotros también guardamos el sábado, porque es un día especial de la semana en que adoramos y honramos a nuestro Creador, y le agradecemos por nuestro hermoso mundo.

Capítulo 2

UN DILUVIO DESTRUYE LA TIERRA

Génesis 6-8

A medida que los años pasaron, más y más personas vivían sobre la tierra. Pero se concentraron tanto en sus propios asuntos y diversiones, que se olvidaron de Dios y no le agradecieron por la comida, la casa y todas las buenas cosas que tenían. Pensaron solo en sí mismos y en comer, beber y pasarla bien. Comenzaron a matar, robar y mentir para obtener lo que querían.

Finalmente, se volvieron tan malos que Dios, que ama a su pueblo, dijo que se había arrepentido de haberlos creado. ¡Era algo terrible para el pueblo de Dios, que había sido creado a imagen de Dios mismo, caer tan bajo en el pecado!

Una pocas personas eran leales a Dios y obedecían sus mandamientos. Entre ellos estaba Enoc, que era la séptima generación después de Adán. Es probable que él haya escuchado la historia del Jardín del Edén directamente de Adán.

Cuando el Señor vio que la maldad del pueblo pecador empeoraba cada vez más, dijo: "Raeré de sobre la faz de la tierra a los hombres que he creado, desde el hombre hasta la bestia, y hasta el reptil y las aves del cielo; pues me arrepiento de haberlos hecho". Pero entonces pensó en Noé, que era el bisnieto

11

de Enoc. Noé amaba a Dios y le obedecía. Él tenía una esposa y tres hijos: Sem, Cam y Jafet.

Dios le dijo al fiel Noé que la tierra sería destruida, pero que él y su familia se salvarían. Noé debía construir un arca; es decir, un gran barco. Dios dijo que un gran diluvio de agua destruiría a todo ser viviente sobre la Tierra.

Noé creyó en lo que Dios dijo y comenzó a construir el arca. Tenía más de 180 metros de largo, unos 30 de ancho y casi 20 de alto. Tenía tres pisos, y estaba construida con maderas resistentes cubiertas con brea, o alquitrán, por dentro y por fuera, para que el agua no entrara.

Muchas personas que vivían cerca de Noé veían trabajar a los constructores del barco. *¿Qué está haciendo Noé?*, se preguntaban. Noé les contó que estaba construyendo un arca, tal como Dios se lo había ordenado. Les dijo que la tierra sería destruida por medio de una gran inundación. Es más, Noé invitó a sus amigos a ayudar a construir el barco y a subirse a él cuando estuviera listo. Habría lugar para ellos si aceptaban la invitación de Dios para ser salvos.

Pero los vecinos se reían de Noé, pensando que estaba loco. Nunca habían visto la lluvia, porque hasta ese momento la tierra siempre había sido humedecida por un vapor que salía de la superficie.

Noé no se desanimó, porque confiaba en Dios. Cuando el arca estuvo terminada, el Señor le pidió a Noé que almacenara comida y provisiones para su familia y para todos los animales. Una vez más, Noé invitó a sus vecinos a entrar en el arca con él, pero ellos no quisieron.

Entonces, Dios le dijo a Noé: "Entra tú y toda tu casa en el arca; porque a ti he visto justo delante de mí en esta generación". La multitud se rió al ver que las ocho personas —Noé, su esposa, sus tres hijos y sus esposas— caminaron por la rampa y entraron en el arca.

Entonces, sucedió algo extraño. Desde los bosques y las colinas, los animales comenzaron a llegar. Camellos y tigres, osos y alces, leones y jirafas, conejos y lobos, grandes y pequeños animales se dirigían hacia el arca; sin que ningún hombre los arreara. Aleteando, bandadas de pájaros oscurecieron el cielo. Entraron volando en el gran bote y encontraron refugio en su interior. Una pareja de cada clase de pájaros y animales —macho y hembra— llegaron ante el llamado de Dios. Siete parejas de los animales que son adecuados para comer, como las ovejas y las vacas, también se refugiaron en el arca. Noé y su familia los necesitaría para comer después del Diluvio.

Las personas que se habían reído de Noé ahora contemplaban maravilladas. Quizás algunos de ellos comenzaron a arrepentirse un poco, preguntándose si Noé no estaba en lo cierto. Pero ninguno decidió unirse a Noé y su familia en el arca.

Cuando todos los animales estuvieron a salvo en el arca, Dios mismo cerró la inmensa puerta. La lluvia no comenzó inmediatamente. Durante siete días, el sol continuó brillando. Las personas que estaban afuera se reían de Noé y su familia, que habían quedado encerrados en el arca.

Al octavo día, densas nubes se juntaron en el cielo, los relámpagos iluminaron el cielo y la tormenta se desató con una furia terrible. Grandes torrentes de agua comenzaron a surgir de la tierra, y los valles empezaron a inundarse.

El viento soplaba y llovía a cántaros sobre la tierra. Día y noche el agua continuó cayendo del cielo y surgiendo de la tierra, y los ríos y los mares comenzaron a crecer más y más. Algunos de los malvados recordaron el arca de Noé. Golpeaban la puerta y gritaban: "¡Déjennos entrar!" Pero la puerta no

Dios dice:

"Y vio Jehová que la maldad de los hombres era mucha en la tierra, y que todo designio de los pensamientos del corazón de ellos era de continuo solamente el mal" -Génesis 6:5.

se abriría. ¡Era demasiado tarde!

Llovió durante cuarenta días y cuarenta noches. La crecida hizo flotar el arca, y las olas la mecían de aquí para allá. El agua creció hasta cubrir los árboles, las rocas y las colinas. Los hombres y las mujeres treparon hasta las montañas más altas, pero no pudieron escapar de las aguas. El diluvio cubrió toda la tierra y llegó hasta al menos seis metros por encima de las montañas más altas. Cada ser humano y todos los animales fueron destruidos, excepto los que estaban a salvo en el arca.

Durante la tormenta, Noé y su familia estuvieron seguros en el barco, aunque era mecido de aquí para allá por las aguas. Deben haber deseado que se detuvieran el viento y la lluvia, ¡porque el arca no dejó de sacudirse e inclinarse sobre las aguas tormentosas durante cinco meses! Finalmente, la lluvia comenzó a amainar y se detuvo, pero la sólida embarcación continuó flotando durante varias semanas.

Al final, Noé decidió enviar un cuervo. Si este encontraba tierra seca en los alrededores, se quedaría para vivir. El ave voló de un lado para el otro, pero regresó al bote, y Noé supo que las aguas todavía cubrían la tierra.

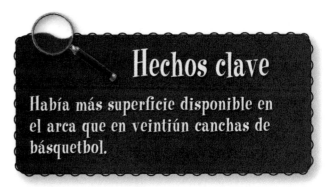

Hechos clave

Había más superficie disponible en el arca que en veintiún canchas de básquetbol.

Una semana más tarde, soltó una paloma, pero esta también regresó. Noé y su familia se deben haber preguntado si las aguas cubrirían para siempre la tierra. Pero confiaban en la promesa de Dios de salvarlos. Transcurrió otra semana, y Noé envió nuevamente la paloma. A la tarde, regresó con una rama de olivo en su pico. La familia de Noé estaba muy feliz, porque ahora sabían que había aparecido la tierra seca y pronto podrían abandonar el arca.

Sopló un fuerte viento, comenzó a secar las aguas, y las montañas aparecieron una vez más. El agua comenzó a bajar cada vez más, hasta que la embarcación finalmente se posó sobre el Monte Ararat. ¡Cuán feliz estaba la familia de Noé de pisar tierra firme nuevamente!

"Sal del arca tú, y tu mujer, y tus hijos, y las mujeres de tus hijos contigo —le dijo Dios a Noé—. Todos los animales que están contigo de toda carne, de aves y de bestias y de todo reptil que se arrastra sobre la tierra, sacarás contigo; y vayan por la tierra, y fructifiquen y multi-plíquense sobre la tierra".

Ocho personas felices abandonaron la embarcación que había sido su

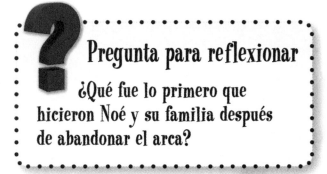

Pregunta para reflexionar

¿Qué fue lo primero que hicieron Noé y su familia después de abandonar el arca?

hogar durante tantos meses. Lo primero que hizo Noé fue construir un altar y ofrecer un sacrificio a Dios por su amor y su protección.

Posteriormente, cuando aparecieron oscuras nubes y la lluvia comenzó a caer sobre la tierra, Noé y sus hijos deben haberse preguntado si vendría otra inundación, porque no habían visto tiempo lluvioso antes del Diluvio. Por lo tanto, Dios le prometió a Noé que nunca volvería a destruir el mundo mediante agua. Mientras el sol brillaba a través de una cortina de lluvia, Sem y Cam señalaron el gran arco de muchos colores que apareció sobre ellos en el cielo. "¿Qué será?", se preguntaron.

Era un arcoíris. Dios dijo: "Mi arco he puesto en las nubes, el cual será por señal del pacto entre mí y la tierra". El arco iris es un mensaje de Dios que nos recuerda que la tierra nunca más será destruida mediante un diluvio.

Provonsha

Capítulo 3

LA MAYOR PRUEBA DE ABRAHAM

Génesis 22

Si tuvieras un amigo que siempre cumple sus promesas, sabrías que puedes contar con él cuando estés en dificultades. Abraham descubrió que Dios era justo esa clase de amigo.

Abraham creció en una ciudad llamada Ur, una de las ciudades más antiguas mencionadas en la Biblia. Estaba localizada cerca del río Eufrates, en la tierra que ahora se llama Irak. Gran parte de la ciudad estaba construida con ladrillos de barro cocido. Estos ladrillos eran tan fuertes, que todavía se conservan partes de las murallas de esa antigua ciudad.

Las personas de Ur adoraban ídolos y oraban en templos dedicados a la diosa Luna. Pero Abraham adoraba al verdadero Dios del cielo: el Dios que creó la Tierra y todo lo que hay en ella. Abraham se negó a adorar a los ídolos de madera o de piedra. Dios amaba al fiel Abraham y quería protegerlo a él y su familia del comportamiento malvado de las personas que lo rodeaban. Por lo tanto, Dios le dijo a Abraham que dejara Ur y se dirigiera a una tierra lejana llamada Canaán.

Abraham hizo lo que Dios le ordenó. Cargó todas sus pertenencias sobre el lomo de los camellos, de los burros y sobre las carretas. Juntó todos sus rebaños de ovejas y sus manadas de vacas. Después, avanzando lentamente,

Abraham y su familia dejaron Ur, donde habían vivido toda su vida. Finalmente, llegaron a la tierra de Canaán y se establecieron allí.

Pasaron los años, y Abraham envejeció. De hecho, ¡tenía más de cien años cuando sucedió esta historia! Durante todos esos años, Dios había protegido y bendecido a su amigo. Como resultado, Abraham se había enriquecido mucho. Miles de sus ovejas pastaban en las colinas cubiertas de hierba, y cientos de sus siervos con sus familias vivían en tiendas por los alrededores.

> ## Dios dice:
>
> "Toma ahora tu hijo, tu único, Isaac, a quien amas, y vete a tierra de Moriah, y ofrécelo allí en holocausto sobre uno de los montes que yo te diré"
> –Génesis 22:2.

Pero la mayor felicidad de Abraham era estar con su hijo Isaac, que había crecido para convertirse en un joven fornido y saludable. Abraham dependía de Isaac para cuidar de sus rebaños y sus manadas, y para tratar con los siervos. Dios había prometido darle a Abraham y a sus descendientes toda la tierra de Canaán. Abraham sabía que, si Isaac poseería la tierra de Canaán, tal como Dios se lo había dicho, debía convertirse en un líder fuerte y confiable.

Una noche, mientras Abraham estaba afuera de su tienda contemplando las estrellas, el Señor le habló nuevamente:

—"¡Abraham!" —dijo.

—"Heme aquí" —respondió Abraham.

—"Toma ahora tu hijo —dijo el Señor—, tu único, Isaac, a quien amas, y vete a tierra de Moriah, y ofrécelo allí en holocausto sobre uno de los montes que yo te diré".

Abraham había confiado en Dios toda su vida; seguramente no le fallaría ahora. Pero ¿por qué el Señor le pedía que hiciera una cosa

LA MAYOR PRUEBA DE ABRAHAM

terrible como esa? ¿No era Isaac el hijo que heredaría la tierra prometida de Canaán? Si lo mataba, ¿cómo la familia de Abraham poseería esa hermosa tierra?

Por otro lado, Abraham confiaba completamente en Dios. Lo había seguido toda su vida. Sabía que nunca lo llevaría por el camino equivocado. Abraham decidió que obedecería a Dios sin importar las consecuencias.

A la siguiente mañana, Abraham despertó muy temprano a Isaac y a dos de sus siervos, y les dijo que irían con él en un viaje para ofrecer sacrificios. Isaac acostumbraba a ir con su padre para adorar a Dios, así que no se sorprendió cuando su padre le pidió que fuera en un viaje así con él. Los siervos cortaron leña, la juntaron en atados y la colocaron sobre un asno. Dado que no existían los fósforos en esos días, es probable que hayan tenido que llevar brasas encendidas en un tarro.

El padre y el hijo se pusieron en camino hacia la tierra de Moriah, el lugar donde algún día sería construida la ciudad de Jerusalén. No se despidieron de Sara para no despertarla, dado que Abraham tenía miedo de que, si le contaba a su esposa las tristes noticias, ella no lo dejara obedecer a Dios.

La tierra de Moriah estaba a unos 80 kilómetros de su hogar en Beerseba, y no fue hasta la mañana del tercer día de viaje que Abraham vio la montaña donde debía hacer el sacrificio. Cuando llegaron al pie de la montaña, Abraham le pidió a sus siervos que permanecieran allí con el asno. Señalando hacia la cima, el padre dijo: "Esperad aquí con el asno, y yo y el muchacho iremos hasta allí y adoraremos, y volveremos a vosotros".

Los siervos esperaron con la bestia de carga, y el padre y el hijo comenzaron a subir juntos la montaña. Isaac cargaba el pesado atado de leña, mientras que su padre llevaba el cuchillo y el fuego.

Al darse cuenta de que no tenían un cordero para ofrecer sobre el altar, Isaac se detuvo. Pensó que su padre había olvidado llevar un sacrificio.

—"Padre mío" —dijo Isaac a Abraham.

—"Heme aquí, mi hijo" —le respondió Abraham.

—"He aquí el fuego y la leña —dijo—; mas ¿dónde está el cordero para

Hechos clave

Isaac podría haber escapado fácilmente; era mucho más fuerte que el anciano Abraham. En lugar de ello, Isaac permitió que su padre lo colocara sobre el altar, y atara sus manos y sus pies.

el holocausto?"

—"Dios se proveerá de cordero para el holocausto, hijo mío" —dijo Abraham.

¡No tuvo el valor de decirle a Isaac que él sería el sacrificio! Luego, el padre y el hijo continuaron subiendo.

Finalmente, los dos llegaron al lugar donde Dios había ordenado que debía ser construido el altar. Juntaron piedras y las apilaron para formar el altar. Entonces, colocaron cuidadosamente la leña sobre las piedras. Cuando no había nada más para preparar, Abraham le contó a Isaac lo que Dios le había ordenado. El joven escuchó a su padre. Sin duda, en primera instancia fue incapaz de creer lo que estaba escuchando. Pero amaba a su padre y confiaba en él. Y amaba y confiaba en Dios. Si lo hubiera querido, Isaac fácilmente podría haber huido. Pero estaba dispuesto a obedecer y ser sacrificado. Permitió que su padre lo colocara sobre el altar, y atara sus manos y sus pies. La hora de la gran prueba había llegado para Abraham. Sabía que las personas que adoraban al dios sol en la tierra de Ur a veces ofrecían a sus hijos como sacrificio a sus ídolos, pero el Dios verdadero nunca antes había hecho un pedido tan terrible. Sin embargo, aun en este mal momento, Abraham no desobedeció a Dios. Levantó su chuchillo para matar a su propio hijo.

Al elevar su mano, listo para cortar, una Voz llamó desde el cielo:

—"Abraham, Abraham".

—"Heme aquí" —respondió.

—"No extiendas tu mano sobre el muchacho —dijo la Voz—, ni le hagas nada; porque ya conozco que temes a Dios, por cuanto no me rehusaste tu hijo, tu único".

Abraham debe haber gritado de alegría. ¡Su propio hijo estaba a salvo! Su amor y su lealtad a Dios habían sido severamente probados, pero se había mostrado fiel y leal.

Entonces, Abraham vio un carnero atrapado por sus cuernos en un zarzal. Así, tomó al animal y lo ofreció como sacrificio al Señor. Llamó a aquel lugar *Jehová-jireh,* que significa "Jehová proveerá".

¡Un padre muy feliz y su hijo descendieron juntos la montaña y se reunieron con los siervos que estaban esperando! Para Abraham e Isaac, el sol brillaba con mayor intensidad y los pájaros cantaban más dulcemente que nunca antes. Pronto, estaban de regreso hacia Beerseba.

Había sido la prueba más difícil que Abraham haya enfrentado. Pero había confiado en Dios y, una vez más, Dios había recompensado su fidelidad.

También había sido una gran prueba para el joven Isaac. Se debe haber dado cuenta, como nunca antes, de que Dios tenía una obra especial para él, dado que su vida había sido tan maravillosamente preservada.

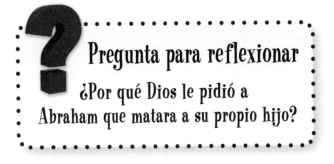

Pregunta para reflexionar

¿Por qué Dios le pidió a Abraham que matara a su propio hijo?

Capítulo 4

JOSÉ, EL SOÑADOR

Génesis 37; 39-41

José, el tataranieto de Abraham, tenía once hermanos: diez hermanos mayores y un hermano menor. Los diez hermanos mayores no eran buenas personas. Eran egoístas y peleadores, y con frecuencia mentían y engañaban a su padre. Cuando José vio que sus hermanos se portaban tan mal, trató de que hicieran lo correcto. Pero ellos lo odiaban por sus reproches.

Para mostrarle a José cuánto lo amaba, Jacob le regaló una hermosa túnica tejida de muchos colores brillantes. Era una honra especial para José, pero cuando sus diez hermanos lo vieron con esa atractiva túnica, lo odiaron todavía más.

Una noche, José tuvo un sueño. A la mañana siguiente, se lo contó a sus hermanos. Dijo:

—"He aquí que atábamos manojos en medio del campo, y he aquí que mi manojo se levantaba y estaba derecho, y que vuestros manojos estaban alrededor y se inclinaban al mío".

Sus hermanos dijeron con desprecio:

—"¿Reinarás tú sobre nosotros, o señorearás sobre nosotros?"

Unas pocas noches después, José tuvo un segundo sueño, y nuevamente se lo contó a sus hermanos. Les dijo que, en este sueño, vio al Sol, la Luna y once estrellas que se inclinaban ante él.

Los hermanos mayores de José se sintieron celosos. Lo odiaban cada vez más por sus sueños, y porque se sentía orgulloso de su bella túnica. Cuando Jacob se enteró de los sueños de su hijo, se preguntó si Dios no le estaba diciendo a la familia que José, algún día, llegaría a ser alguien grande.

Hechos clave

Era un honor especial que Jacob le regalara una túnica de muchos colores a José. La mayoría de los pastores solo vestían un manto sencillo. Esto hizo que los hermanos mayores de José se pusieran celosos.

No mucho tiempo después, los hermanos mayores de José estaban pastoreando sus rebaños a algunos kilómetros de su hogar. José fue a ver cómo les estaba yendo. Cuando vieron que José se acercaba, se dijeron: "He aquí viene el soñador. Ahora pues, venid, y matémosle y echémosle en una cisterna, y diremos: 'Alguna mala bestia lo devoró; y veremos qué será de sus sueños' ".

Pero no mataron a José. En su lugar, lo vendieron como esclavo a unos mercaderes ismaelitas que pasaba por allí. Cuando la caravana de ismaelitas desapareció tras las colinas, algo de culpa debe haberse reflejado en el rostro de sus hermanos. ¡Habían vendido a su hermano menor como esclavo!

Pero Dios estaba cuidando de José, incluso en este momento difícil. José oró pidiendo ayuda a Dios, y decidió hacer lo correcto sin importar lo que sucediera.

Los ismaelitas llevaron a José a Egipto, y lo vendieron a Potifar, el capitán de la guardia del Rey. Egipto mostraba sus muchas extrañas facetas a José. Vio templos, grandes pirámides y barcos veloces sobre el río Nilo. José realizó sus tareas tan bien, que Potifar lo puso a cargo de toda su casa y de todas sus propiedades. Dios estaba con José, y el oficial del rey estaba contento de encontrar un esclavo en el que podía confiar.

José trabajó en la casa de Potifar durante diez años. La esposa de Potifar odiaba a José, porque él era fiel a Dios y se negaba a hacer lo incorrecto. Ella mintió con respecto a él e hizo que metieran a José en prisión.

El joven se sentó en una oscura celda durante días y semanas. Pero, a pesar de este castigo injusto, José todavía seguía decidido a obedecer a Dios.

Un día, se produjo un gran revuelo en la prisión. Dos importantes oficiales del palacio —el copero y el panadero del rey— habían sido encarcelados por orden de Faraón, el gobernante de Egipto. A José se le había asignado la tarea de cuidar de los nuevos prisioneros. Una mañana, cuando fue a visitar al copero y al panadero en su celda, vio que estaban tristes.

—"¿Por qué parecen hoy mal vuestros semblantes?" —les preguntó.

—"Hemos tenido un sueño —respondieron—, y no hay quien lo interprete".
Entonces, les dijo José:

—¿No son de Dios las interpretaciones? Contádmelo ahora".

Entonces, el jefe de los coperos contó su sueño a José.

—"Yo soñaba que veía una vid delante de mí, y en la vid tres sarmientos; y ella como que brotaba, y arrojaba su flor, viniendo a madurar sus racimos de uvas. Y que la copa de Faraón estaba en mi mano, y tomaba yo las uvas y las exprimía en la copa de Faraón, y daba yo la copa en mano de Faraón".

José escuchó con atención. Recordó los sueños que había tenido de adolescente. Dios inmediatamente hizo que José entendiera claramente el sueño. José le dijo al copero que el sueño significaba que Faraón lo restauraría a su cargo en la corte en tres días.

El panadero también estaba ansioso por descubrir el significado de su sueño.

—"También yo soñé que veía tres canastillos blancos sobre mi cabeza —dijo—. En el canastillo más alto había de toda clase de manjares de pastelería para Faraón; y las aves las comían del canastillo de sobre mi cabeza".

Cuando José escuchó el sueño, se puso triste. Pero le contó valientemente la verdad al panadero. Le dijo al panadero que su sueño significaba ¡que Faraón lo mataría en tres días!

Tres días después, todo sucedió tal como Dios se lo había dicho a José. Faraón restauró al copero en su puesto, y colgó al panadero.

José le pidió al copero del rey que lo recordara y que hablara bien de él ante el Faraón. Pero los días, las semanas y los meses se arrastraban uno tras otro, y nada sucedía. José no había hecho nada malo. ¿Cuándo serían respondidas sus oraciones? ¿Alguna vez sería liberado de esta prisión egipcia?

Una mañana, se produjo un gran alboroto y una gran confusión en el palacio del rey, por causa de dos extraños sueños que el rey había tenido la noche anterior. Los sueños parecían contener un mensaje especial para él, pero Faraón no podía comprender lo que significaban. Les pidió a los sabios de su corte que le explicaran sus sueños, pero no pudieron.

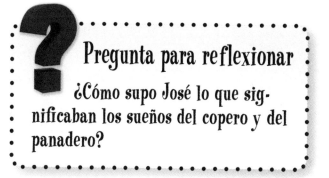

Pregunta para reflexionar

¿Cómo supo José lo que significaban los sueños del copero y del panadero?

Repentinamente, el copero recordó que José le había dado el significado de su sueño en prisión, dos años antes. Con rapidez, el copero le contó a Faraón acerca de José.

El rey estaba desesperado por encontrar a alguien que pudiera decirle la verdad. Los mensajeros reales corrieron hasta la prisión y le ordenaron al carcelero que liberara a José y lo llevara hasta el palacio. Pronto, José comparecía ante Faraón, ¡que estaba sentado en su trono de oro! Era un momento sobrecogedor para José, pero permaneció de pie sin temor, esperando que el rey le hablara.

—"Yo he tenido un sueño —le dijo Faraón a José—, y no hay quien lo interprete; mas he oído decir de ti, que oyes sueños para interpretarlos".

—"Dios será el que dé respuesta propicia a Faraón" —respondió José, asegurándose de que el rey entendiera que él no tenía sabiduría propia para interpretar los sueños.

Entonces Faraón dijo a José:

—"En mi sueño me parecía que estaba a la orilla del río; y que del río subían siete vacas de gruesas carnes y hermosa apariencia, que pacían en el prado. Y que otras siete vacas subían después de ellas, flacas y de muy feo aspecto; tan extenuadas, que no he visto otras semejantes en fealdad en

Dios dice:

"Respondió José a Faraón, diciendo: No está en mí; Dios será el que dé respuesta propicia a Faraón"
-Génesis 41:16.

toda la tierra de Egipto. Y las vacas flacas y feas devoraban a las siete primeras vacas gordas; y éstas entraban en sus entrañas, mas no se conocía que hubiesen entrado, porque la apariencia de las flacas era aún mala, como al principio. Y yo desperté.

—"Vi también soñando, que siete espigas crecían en una misma caña, llenas y hermosas. Y que otras siete espigas menudas, marchitas, abatidas del viento solano, crecían después de ellas; y las espigas menudas devoraban a las siete espigas hermosas".

José le dijo a Faraón que sus dos sueños tenían el mismo significado. Las siete vacas gordas y las siete espigas llenas representaban los siguientes siete años, cuando Egipto tendría buenos cultivos y abundantes cosechas. Pero después de eso, llegarían años de una hambruna terrible. Dios le estaba mostrando a Faraón lo que estaba por suceder.

Faraón escuchó cuidadosamente. Vio en este prisionero un hombre fuerte y capaz, un hombre que tenía fe en Dios. José continuó hablando:

—"Por tanto, provéase ahora Faraón de un varón prudente y sabio, y

JOSÉ, EL SOÑADOR

póngalo sobre la tierra de Egipto. Haga esto Faraón, y ponga gobernadores sobre el país, y quinte la tierra de Egipto en los siete años de la abundancia. Y junten toda la provisión de estos buenos años que vienen, y recojan el trigo bajo la mano de Faraón para mantenimiento de las ciudades; y guárdenlo. Y esté aquella provisión en depósito para el país, para los siete años de hambre que habrá en la tierra de Egipto; y el país no perecerá de hambre".

Faraón lo pensó por un momento, y luego le respondió a José:

—"Tú estarás sobre mi casa, y por tu palabra se gobernará todo mi pueblo; solamente en el trono seré yo mayor que tú [...] He aquí yo te he puesto sobre toda la tierra de Egipto".

A José le debe haber parecido que estaba soñando. Solo unas pocas horas antes, había estado sentado en un oscuro calabozo, ¡y ahora era un oficial de la corte, el segundo después de Faraón mismo!

Como el nuevo gobernador de la tierra, José se trasladaba en un carruaje real tirado por majestuosos caballos. Los siervos corrían delante de él, gritando para que las personas se inclinaran para rendirle homenaje.

Durante los siguientes siete años, la tierra rindió frutos abundantes. José construyó grandes almacenes y los llenó con tantos cereales, que no pudo guardar registro de todo. Entonces, cuando pasaron los siete años de cosechas abundantes, la hambruna llegó, tal como Dios le dijo a Faraón que pasaría.

Hechos clave

Dios fue capaz de usar a José no solo para salvar a todo Egipto de morir de hambre, sino también a su familia allí en Canaán.

Los hambrientos egipcios fueron a José. Él abrió los gigantes almacenes y les vendió el trigo. De esta manera, los años de planificación y arduo trabajo de José salvaron a la nación de morir de hambre.

José debe haber pensado en los sueños que había tenido tantos años antes, cuando era un adolescente: de las gavillas de trigo de sus hermanos que se inclinaban ante la suya, y del sol, la luna y las estrellas que se inclinaban ante él. Sus hermanos se habían burlado de él y lo odiaban por sus sueños. Pero éstos se habían cumplido. José era la segunda persona más importante de la nación más poderosa sobre la tierra en ese tiempo. Dios lo había bendecido porque había sido fiel en todas las cosas. Y por medio de José, Dios estaba bendiciendo a todas las personas de Egipto y a todas las naciones de los alrededores con alimento durante el tiempo de hambruna.

Capítulo 5

CAEN LAS MURALLAS DE JERICÓ

Josué 1:1-7:1

Moisés había libertado al pueblo de Dios, los israelitas, de la cautividad en Egipto, y los había conducido hasta la frontera con Canaán, la tierra que Dios le había prometido a Abraham y sus descendientes. Pero ellos no confiaron en Dios, así que no pudieron entrar hasta que una nueva generación creció y estuvo lista para seguir a Dios y poseer la tierra.

Ahora, unos cuarenta años más tarde, los israelitas estaban, una vez más, a orillas del río Jordán. Miraban más allá del río y veían la Tierra Prometida. Para ese entonces, Moisés había muerto, y Dios le había pedido a Josué que terminara la tarea de introducir a su pueblo en la Tierra Prometida.

Lo primero que hizo Josué fue enviar a dos hombres hasta Jericó, la ciudad al otro lado del río. Estos hombres serían espías para analizar la situación. Se escabulleron dentro de Jericó y caminaron por las estrechas calles, sintiéndose raros entre personas extrañas. No pasó mucho tiempo hasta que algunos hombres curiosos comenzaron a seguirlos para ver hacia dónde se dirigían. Algunos se apresuraron para contarle al gobernante de Jericó que había en el pueblo algunos espías del campamento de los israelitas.

Los espías, rápidamente, se metieron en la primera puerta abierta que había, y se encontraron con una mujer que se llamaba Rahab. Ella les dio la bienvenida, cuando ellos le contaron que eran israelitas.

—"Sé que Jehová os ha dado esta tierra —le dijo ella a los espías—; porque el temor de vosotros ha caído sobre nosotros, y todos los moradores del país ya han desmayado por causa de vosotros".

Pronto, llegaron algunos soldados a la casa de Rahab y le dijeron:

—"Saca a los hombres que han venido a ti, y han entrado a tu casa; porque han venido para espiar toda la tierra".

Rahab admitió que los espías habían estado en su casa, pero les dijo a los soldados que los dos hombres ya se habían ido. En verdad, ella los había escondido bajo unos manojos de lino que se estaban secando en su terraza. Cuando los soldados se fueron, le dijo a los hombres:

—"Os ruego pues, ahora, que me juréis por Jehová, que como he hecho misericordia con vosotros, así la haréis vosotros con la casa de mi padre, de lo cual me daréis una señal segura; y que salvaréis la vida a mi padre y a mi madre, a mis hermanos y hermanas, y a todo lo que es suyo; y que libraréis nuestras vidas de la muerte".

Los hombres respondieron:

—"Nuestra vida responderá por la vuestra, si no denunciareis este asunto nuestro; y cuando Jehová nos haya dado la tierra, nosotros haremos contigo misericordia y verdad".

Dado que ella les había salvado la vida, los hombres le dijeron a Rahab que reuniera a toda su familia —padre, madre, hermanos y hermanas— en su casa y que colgara un cordón escarlata en su ventana. Le prometieron que, cuando destruyeran la ciudad, perdonarían a toda su familia.

La casa de Rahab estaba construida sobre la muralla de la ciudad. Cuando oscureció, ella hizo que los espías escaparan fuera de la ciudad mediante una cuerda colgada desde su ventana. Los dos hombres regresaron al campamento de Israel y le informaron a Josué:

—"Jehová ha entregado toda la tierra en nuestras manos; y también todos los moradores del país desmayan delante de nosotros".

A la siguiente mañana, las personas marcharon hacia los márgenes del río Jordán, no lejos de Jericó. Tres días más tarde, los líderes le pidieron a las personas que estuvieran listos para avanzar cuando vieran que los sacerdotes tomaran el arca: una caja sagrada de oro que contenía los Diez Mandamientos.

A la señal de Josué, los sacerdotes marcharon con el arca, y el pueblo le siguió en ordenada procesión detrás de ellos. No había puentes, y en esa estación del año el río estaba crecido de orilla a orilla. Cruzar el Jordán parecía imposible. Pero tan pronto los pies de los sacerdotes tocaron las turbias aguas del río, el agua que avanzaba hacia ellos río arriba se detuvo y formó una pared. El agua que no se había detenido, siguió corriendo, dejando al descubierto tierra seca, para que las personas pudieran cruzar a salvo.

Los sacerdotes cargaron el arca hasta el medio del lecho seco del río y se detuvieron. Esperaron allí hasta que todas las personas, con sus vacas, sus ovejas y sus cabras hubieran pasado y alcanzado la otra orilla. Entonces, los sacerdotes fueron hasta el otro extremo del río, ¡y las aguas comenzaron otra vez a fluir normalmente!

¡Los israelitas finalmente habían entrado en la Tierra Prometida!

Dios le ordenó a Josué: "Mira, yo he entregado en tu mano a Jericó y a su rey, con sus varones de guerra. Rodearéis, pues, la ciudad todos los hombres de

> ## Dios dice:
> "Mira, yo he entregado en tu mano a Jericó y a su rey, con sus varones de guerra" -Josué 6:2.

guerra, yendo alrededor de la ciudad una vez". Debían marchar alrededor de Jericó una vez al día durante seis días seguidos. Los sacerdotes cargarían el arca y siete sacerdotes llevarían bocinas de cuerno de carnero. En el séptimo día, el ejército marcharía alrededor de la ciudad siete veces, mientras los sacerdotes hacían sonar los cuernos. Después de la séptima vuelta, los sacerdotes hacían sonar con intensidad los cuernos y, cuando el pueblo los oyera, lanzarían un grito poderoso. En ese momento, las murallas de la ciudad caerían y los israelitas podrían tomar la ciudad.

Cuando Josué escuchó estas instrucciones, quedó complacido por el plan

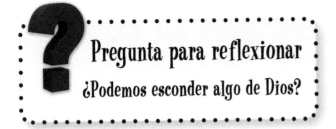

Pregunta para reflexionar

¿Podemos esconder algo de Dios?

de Dios para tomar la ciudad fortificada. Llamó a los sacerdotes y les pidió que se prepararan para cargar el arca, y también designó a los siete sacerdotes que cargarían los cuernos de carnero.

Ellos debían encabezar inmediatamente la marcha hacia la ciudad de Jericó.

Los habitantes de Jericó tenían miedo. Habían cerrado con barrotes las puertas de la ciudad. Nadie podía entrar ni salir. Cada mañana, Rahab iba hasta la ventana que daba hacia el exterior para asegurarse de que el cordón escarlata se viera bien. Al mirar hacia fuera, podía ver a los soldados de Jericó con sus espadas y sus lanzas, protegiendo las murallas.

Una mañana, Rahab escuchó a la distancia el sonido de los cuernos de carnero. Pronto, apareció una extraña procesión. Una columna de soldados israelitas estaba liderando la procesión, y sacerdotes vestidos de blanco marchaban detrás, cargando una caja cubierta por una gran funda. La armadura de los soldados refulgía con esplendor bajo los rayos de sol de la mañana. Detrás del arca, venían más soldados vestidos para la batalla.

Siete sacerdotes hacían sonar los cuernos de carnero, y el sonido hacía eco a lo largo del valle. Los hombres de Israel marcharon alrededor de la ciudad amurallada. Después de dar una vuelta alrededor de la ciudad, todo quedaba en silencio. La procesión desaparecía en dirección al campamento israelita. Rahab se debe haber preguntado qué es lo que sucedería después. Los soldados, ¿atacarían la ciudad? Rahab y su familia, ¿serían resguardados, tal como se lo habían prometido los espías?

A la mañana siguiente, los soldados y los sacerdotes aparecieron para marchar otra vez. Cada mañana, durante seis días, Rahab vio la misma columna de hombres que marchaban. Los soldados de Jericó, mirando desde las murallas, comenzaron a burlarse

de los israelitas, afirmando que tenían miedo de pelear.

Durante la semana, Rahab había reunido a sus familiares en su casa. En la séptima mañana, Rahab y su familia contemplaron a los soldados pasar marchando, mientras los sacerdotes cargaban el arca. En este día, sin embargo, la procesión no se detuvo luego de rodear la ciudad. Siguió marchando y marchando, hasta haber dado la vuelta a la ciudad siete veces.

Entonces, los sacerdotes hicieron sonar los cuernos, y la inmensa multitud de israelitas, que se había reunido en los alrededores, lanzó un grito poderoso. El sonido resonó por los valles, mezclándose con un ruido ensordecedor. A medida que el grito se apagaba, el ruido crecía más y más. Las murallas de Jericó temblaron ¡y luego se desmoronaron estruendosamente! Los soldados de Israel avanzaron con rapidez para tomar la ciudad, atacando a todas las personas y tomando el oro y la plata para el tesoro del Señor. Quemaron todos los edificios, excepto la casa de Rahab. Josué ordenó a los espías: "Entrad en casa de la mujer […] y haced salir de allí a la mujer y a todo lo que fuere suyo, como lo jurasteis".

Cuando los espías llegaron a la casa de Rahab, encontraron que ella y su familia los estaban esperando. Rahab fue bien recibida en el campamento de Israel, porque el pueblo había escuchado que ella había salvado la vida de los espías. Rahab creyó en Dios, y más tarde se casó con un hombre de Israel llamado Salmón. Ella llegó a ser la tatarabuela de David, el rey de Israel.

Capítulo 6

UNA BATALLA CON JARRONES Y ANTORCHAS

Jueces 6; 7

Después de años de paz y prosperidad, el pueblo de Israel comenzó a adorar a los ídolos, y Dios permitió que los soldados del país de Madián invadieran Israel. Nadie estaba a salvo en su casa o en el campo. Los madianitas estaban por todas partes. Los ataques se volvieron tan feroces, que los israelitas huían a las cuevas y otros lugares de las montañas; cualquier lugar donde pudieran esconderse de los enemigos. Durante siete años, los invasores recorrieron el país como langostas, destruyendo los labrados y las casas. En este tiempo de dificultades, el pueblo recordó al Señor y le pidió ayuda. Él envió a un profeta por todo el país con un mensaje:

"Así ha dicho Jehová Dios de Israel: Yo os hice salir de Egipto, y os saqué de la casa de servidumbre. Os libré de mano de los egipcios, y de mano de todos los que os afligieron, a los cuales eché de delante de vosotros, y os di su tierra; y os dije: Yo soy Jehová vuestro Dios; no temáis a los dioses de los amorreos, en cuya tierra habitáis; pero no habéis obedecido a mi voz".

Muy pronto, un joven de la tribu de Manasés, que era fiel a Dios, estaba quitándole la paja al trigo. Gedeón había escondido el trigo de los madianitas porque, si lo encontraban, se lo quitarían. Mientras estaba trabajando, apareció un ángel que le dijo:

—"Jehová está contigo, varón esforzado y valiente".

—"Ah, señor mío —respondió Gedeón—, si Jehová está con nosotros, ¿por qué nos ha sobrevenido todo esto? ¿Y dónde están todas sus maravillas, que nuestros padres nos han contado, diciendo: ¿No nos sacó Jehová de Egipto? Y ahora Jehová nos ha desamparado, y nos ha entregado en mano de los madianitas".

Entonces Dios mismo le habló a Gedeón:

—"Ve con esta tu fuerza, y salvarás a Israel de la mano de los madianitas. ¿No te envío yo?"

—"Ah, señor mío, ¿con qué salvaré yo a Israel? —preguntó Gedeón—. He aquí que mi familia es pobre en Manasés, y yo el menor en la casa de mi padre".

—"Ciertamente yo estaré contigo —le aseguró el Señor—, y derrotarás a los madianitas como a un solo hombre".

Pronto, los madianitas y los amalecitas [otro pueblo cercano] reunieron todos sus soldados y marcharon contra Israel. Establecieron su campamento en el valle de Jezreel. En ese momento, el Espíritu de Dios vino sobre el joven Gedeón para llenarlo de valor. Hizo sonar una trompeta, para llamar a la batalla a las personas que vivían en los alrededores. Envió mensajeros a las tribus de Manasés, Aser, Zebulón y Neftalí, pidiendo que le enviaran voluntarios para la guerra.

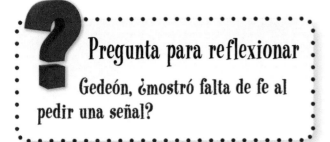

Gedeón decidió que necesitaba más pruebas de que Dios estaría con él en el campo de batalla. Le dijo al Señor:

—"Si has de salvar a Israel por mi mano, como has dicho, he aquí que yo pondré un vellón de lana [piel de carnero] en la era; y si el rocío estuviere en el vellón solamente, quedando seca toda la otra tierra, entonces entenderé que salvarás a Israel por mi mano, como lo has dicho".

A la mañana siguiente, se levantó temprano y fue a ver el vellón. Estaba tan mojado, que obtuvo un balde lleno de agua al estrujarlo, pero el suelo estaba seco.

Pero Gedeón todavía no estaba completamente seguro, así que le dijo a Dios:

—"No se encienda tu ira contra mí, si aún hablare esta vez; solamente probaré ahora otra vez con el vellón. Te ruego que solamente el vellón quede seco, y el rocío sobre la tierra".

Se apresuró a salir de su tienda a la mañana siguiente, y encontró que el suelo estaba empapado por el rocío, pero el vellón estaba seco. Ahora, Gedeón estaba seguro de su misión. Sabía que enfrentaba a un enemigo poderoso, pero Dios había prometido la victoria aun cuando el ejército israelita era mucho más pequeño y no tan bien armado. Gedeón estaba listo para avanzar por fe.

Gedeón estaba haciendo planes para atacar a los madianitas, cuando Dios le comunicó un mensaje extraño. El Señor dijo:

—"El pueblo que está contigo es mucho para que yo entregue a los madianitas en su mano, no sea que se alabe Israel contra mí, diciendo: Mi mano me ha salvado. Ahora, pues, haz pregonar en oídos del pueblo, diciendo: Quien tema y se estremezca, madrugue y devuélvase desde el monte de Galaad".

Gedeón reunió a todos sus soldados voluntarios y les transmitió lo que Dios le había dicho. Su corazón se desalentó cuando vio que 22 mil hombres recogieron sus armas y partieron hacia sus hogares. Solo quedaron diez mil hombres para atacar a los cientos de miles de enemigos.

Pero el Señor le dijo a Gedeón:

—"Aún es mucho el pueblo; llévalos a las aguas, y allí te los probaré; y del que yo te diga: Vaya éste contigo, irá contigo; mas de cualquiera que yo te diga: Este no vaya contigo, el tal no irá".

Gedeón marchó con sus hombres hacia el río, y Dios le pidió que los mirara cuando bebieran. Algunos de los hombres se apresuraron a cruzar el río hacia el campamento enemigo, lamiendo el agua como los perros al pasar. Pero muchos de ellos se arrodillaron a la orilla del río y bebieron tranquilamente. Solo trescientos hombres bebieron rápidamente el agua con sus lenguas. Dios le dijo a Gedeón:

—"Con estos trescientos hombres que lamieron el agua os salvaré, y entregaré a los madianitas en tus manos; y váyase toda la demás gente cada uno a su lugar".

¡Con tristeza, Gedeón ordenó que otros 9.700 soldados regresaran a sus hogares! ¿Cómo lucharía contra los madianitas con solo un puñado de guerreros?

Esa noche, Gedeón y su siervo fueron a espiar al campamento enemigo. Los madianitas se habían extendido por el valle como una gran horda de langostas. Gedeón se escurrió hasta una de las tiendas enemigas, y escuchó a dos hombres que estaban conversando entre sí. Uno dijo:

—"He aquí yo soñé un sueño: Veía un pan de cebada que rodaba hasta el campamento de Madián, y llegó a la tienda, y la golpeó de tal manera que cayó, y la trastornó de arriba abajo, y la tienda cayó".

El otro dijo:

—"Esto no es otra cosa sino la espada de Gedeón hijo de Joás, varón de Israel. Dios ha entregado en sus manos a los madianitas con todo el campamento".

Gedeón hizo en silencio una oración de agradecimiento a Dios, y luego se escabulló y regresó a su campamento. Ni bien llegó de regreso, dio la orden:

—"Levantaos, porque Jehová ha entregado el campamento de Madián en vuestras manos".

Gedeón dividió su fuerza de trescien-

Hechos clave

Dios entregó a los madianitas en las manos de Gedeón y sus trescientos hombres.

tos hombres en tres grupos. Los hombres trataban de parecer soldados listos para la batalla, aunque el único armamento que tenían era un jarrón vacío con una antorcha en su interior, y una trompeta.

—"Miradme a mí, y haced como hago yo; he aquí que cuando yo llegue al extremo del campamento, haréis vosotros como hago yo. Yo tocaré la trompeta, y todos los que estarán conmigo; y vosotros tocaréis entonces las trompetas alrededor de todo el campamento, y diréis: ¡Por Jehová y por Gedeón!"

En silencio, los tres grupos de hombres avanzaron y rodearon el inmenso campamento madianita. A la señal de su comandante, los trescientos hombres hicieron sonar sus trompetas y rompieron los jarrones. Las antorchas brillaron con intensidad en la oscuridad. Entonces, gritaron: "¡Por Jehová y por Gedeón!"

Dios dice:

"Y Jehová dijo a Gedeón: El pueblo que está contigo es mucho para que yo entregue a los madianitas en su mano" -Jueces 7:2.

El ejército dormido se despertó aterrorizado. Veían antorchas encendidas por todas partes, y el sonido de las trompetas era ensordecedor. Seguros de que eran sobrepasados en número, los soldados madianitas saltaron de su cama y corrieron. En medio de la oscuridad y la confusión, se chocaban entre sí y comenzaron a pelear y a matarse entre compañeros. A medida que el ejército madianita escapaba, Gedeón envió mensajeros a los alrededores para pedir voluntarios que ayudaran a perseguir a los madianitas, y así destruir su ejército.

Israel obtuvo una gran victoria, pero no por la fuerza de la espada, sino por el poder de Dios.

38

Capítulo 7

EL HOMBRE FUERTE QUE ERA DÉBIL

Jueces 13-16

Israel se olvidó de Dios. Entonces él les retiró su protección, y los filisteos paganos invadieron Israel y oprimieron al pueblo de Dios.

Manoa era un israelita fiel a Dios. Él y su esposa no tenían hijos. Un ángel se les apareció y les dijo que tendrían un hijo. El niño, dijo, no debía beber nunca alcohol ni comer alimentos impuros. Debían dejar crecer su cabello y no cortarlo nunca. Entonces, el ángel prometió: "Él comenzará a salvar a Israel de mano de los filisteos".

Su madre le puso por nombre Sansón. Creció y se hizo muy fuerte, porque el Espíritu de Dios estaba con él. Pero cuando Sansón creció para convertirse en un joven musculoso, se volvió inquieto. Fue a Timnat, más allá de la frontera con los filisteos. Allí se enamoró de una joven, y quiso casarse con ella.

Sus padres lo instaron a casarse con una joven israelita, alguien que lo amara y adorara al Dios verdadero. Pero Sansón insistió. Le dijo a su padre:

—"Tómame ésta por mujer, porque ella me agrada".

Cierta vez, cuando Sansón iba a visitar a la muchacha, un joven león se abalanzó sobre él y lo atacó. El Espíritu de Dios descendió sobre Sansón, ¡y él tomó a la bestia salvaje con sus propias manos y la mató! Pero no le contó a nadie lo que había hecho.

Hechos clave

Dios le dio a Sansón una fuerza extraordinaria para poder luchar contra los filisteos.

Más tarde, Sansón vio el cuerpo del león que él había matado. En su osamenta, encontró un panal de abejas. Sacó algo de miel y la comió mientras iba por el camino.

A los pocos días, Sansón se casó con la muchacha filistea. Entre los invitados a las bodas, había treinta jóvenes. Sansón les dijo:

—"Yo os propondré ahora un enigma, y si en los siete días del banquete me lo declaráis y descifráis, yo os daré treinta vestidos de lino y treinta vestidos de fiesta. Mas si no me lo podéis declarar, entonces vosotros me daréis a mí los treinta vestidos de lino y los vestidos de fiesta".

Y ellos respondieron:

—"Propón tu enigma, y lo oiremos".

Entonces les dijo:

—"Del devorador salió comida,
y del fuerte salió dulzura".

Durante tres días, los jóvenes pensaron en la adivinanza, pero no pudieron descifrar la respuesta. Al cuarto día de la fiesta, ellos amenazaron a la esposa de Sansón:

—"Induce a tu marido a que nos declare este enigma, para que no te quememos a ti y a la casa de tu padre".

Y la esposa de Sansón lloró y le rogó que le dijera la respuesta. Después de llorar durante siete días, él le contó el secreto. Ella fue inmediatamente a darles la respuesta del enigma a los jóvenes.

Los treinta hombres se acercaron a Sansón y dijeron:

—"¿Qué cosa más dulce que la miel?
¿Y qué cosa más fuerte que el león?"

Sansón estaba furioso. El Espíritu de Dios vino sobre él. Fue hasta Ascalón, una ciudad filistea, y mató a treinta hombres, quitándoles sus vestidos. Luego, regresó a Timnat y le entregó los vestidos a los jóvenes filisteos, para pagar su apuesta. Sin embargo, seguía tan enojado, que se volvió a la casa de su padre, sin detenerse para estar con su esposa.

Después que Sansón se tranquilizara un poco, volvió a visitar a su esposa.

Cuando llegó, su suegro le dijo:

—"Me persuadí de que la aborrecías" —y le dijo a Sansón que había entregado a su hija a otro hombre.

¡Ahora sí que el joven gigante se puso verdaderamente furioso! Dijo:

—"Sin culpa seré esta vez respecto de los filisteos, si mal les hiciere".

Se fue a las colinas y atrapó trescientas zorras y las ató de a dos con una antorcha entre sus colas. Entonces encendió las antorchas y dejó que las ciento cincuenta pares de zorras corrieran libremente por los sembrodos de los filisteos. Al pasar por los campos de trigo, las zorras les prendieron fuego, junto con los viñedos y los olivares.

En venganza, los filisteos prendieron fuego a la casa donde vivía la esposa de Sansón, y la quemaron a ella y a su padre. Cuando descubrió que su esposa había muerto, Sansón atacó a los hombres de Timnat y asesinó a muchos de ellos.

¡Sansón! Solo pronunciar el nombre llenaba de terror a los filisteos, porque había hecho tanto daño a su nación en tan corto tiempo. Pero cuando trataron de capturarlo, tomó la quijada de un asno que yacía muerto cerca de allí, ¡y mató a mil filisteos! En otra oportunidad, Sansón escapó de los filisteos al arrancar las puertas de la ciudad ¡y cargarlas sobre sus hombros!

Durante veinte años, Sansón continuó siendo el juez de Israel. Pero, nuevamente, se enamoró de una mujer filistea. Su nombre era Dalila.

Los gobernantes filisteos se acercaron a ella y dijeron:

—"Engáñale e infórmate en qué consiste su gran fuerza".

Dalila se acercó a Sansón y le suplicó:

—"Yo te ruego que me declares en qué consiste tu gran fuerza, y cómo podrás ser atado para ser dominado".

Sansón le respondió:

—"Si me ataren con siete mimbres verdes que aún no estén enjutos, entonces me debilitaré y seré como cualquiera de los hombres".

Dalila le contó a los gobernantes filisteos todo lo que él había dicho. Entonces le trajeron siete mimbres verdes, que ella utilizó para atar a Sansón. Pero cuando los príncipes trataron de capturarlo, Sansón rompió los mimbres como si fueran estopa.

Entonces, Dalila le dijo a Sansón:

—"He aquí tú me has engañado, y me has dicho mentiras; descúbreme, pues, ahora, te ruego, cómo podrás ser atado".

Sansón le dijo que si lo ataba con cuerdas nuevas, él se quedaría sin fuerzas. Pero tampoco era verdad.

La siguiente vez, Sansón le dijo que si trenzaba su pelo con un telar, perdería todo su poder. Pero no era verdad, y por tercera vez ella no pudo descubrir su secreto.

Dios dice:

"Si fuere rapado, mi fuerza se apartará de mí, y me debilitaré y seré como todos los hombres" -Jueces 16:17.

Fue tonto de su parte no haberse dado cuenta de que Dalila estaba tratando de traicionarlo ante sus enemigos. Pero ésta continuó rogando, lloriqueando y quejándose, hasta que, finalmente, Sansón le dijo la verdad.

—"Nunca a mi cabeza llegó navaja —dijo él—; porque soy nazareo de Dios desde el vientre de mi madre. Si fuere rapado, mi fuerza se apartará de mí, y me debilitaré y seré como todos los hombres".

Ella hizo que se durmiera en su regazo y luego cortó todo su cabello. Entonces, ella gritó:

El hombre fuerte que era Débil

—"¡Sansón, los filisteos sobre ti!"

Sansón se despertó y pensó: *¡Podré liberarme como las otras veces y escapar!* No se dio cuenta de que le habían cortado el pelo, que su fuerza se había desvanecido y que el Espíritu de Dios lo había dejado. Los malvados filisteos atraparon a Sansón, le arrancaron los ojos y lo llevaron a Gaza. ¡Pobre gigante ciego!

Ahora Sansón era un prisionero indefenso. Fue forzado a pasar sus días empujando una rueda de molino para moler trigo, como un esclavo.

Pero ¿qué sucede después que el pelo es cortado? ¡El pelo de Sansón volvió a crecer! Y a medida que crecía su cabello, también lo hacía su fuerza.

Para celebrar la captura de Sansón, los filisteos organizaron una fiesta fastuosa. Durante la fiesta, ellos ordenaron:

—Llamen a Sansón, para que nos divierta.

Pronto apareció un jovencito, conduciendo al ciego y vacilante gigante. Cuando los enemigos de Sansón lo vieron, se burlaron y se rieron de él.

Sansón le pidió al joven que lo conducía:

—"Acércame, y hazme palpar las columnas sobre las que descansa la casa, para que me apoye sobre ellas".

La sala estaba llena de líderes y gobernantes filisteos; cerca de tres mil personas juntas. Sansón inclinó su cabeza y oró al Dios de los cielos, diciendo:

—"Señor Jehová, acuérdate ahora de mí, y fortaléceme, te ruego, solamente esta vez, oh Dios, para que de una vez tome venganza de los filisteos por mis dos ojos".

Esta fue la última oración de Sansón. Se aferró a las dos grandes columnas que sostenían el techo de la casa.

—"Muera yo con los filisteos" —dijo Sansón, y empujó las columnas con todas sus fuerzas.

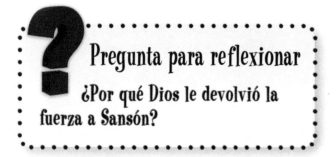

Pregunta para reflexionar

¿Por qué Dios le devolvió la fuerza a Sansón?

Al caer las columnas, todo el techo se desplomó con un terrible estruendo sobre las personas que estaban abajo. "Y los que mató al morir fueron muchos más que los que había matado durante su vida", dice la Biblia.

Sansón, que no pudo controlar sus hábitos y sus deseos, podría haber escrito un capítulo mucho más largo y heroico de la historia de su pueblo solo con ser fiel a Dios. Pero olvidó que la grandeza de un hombre no se mide por su capacidad física, sino por su dominio propio y su obediencia al Espíritu de Dios.

Capítulo 8

RUT, LA BISABUELA DE UN REY

Rut 1-4

El hambre golpeó la tierra de Canaán durante los días de los jueces. El suelo reseco se resquebrajaba bajo el sol ardiente; el trigo se secaba en los tallos. Las frutas se secaban y caían de los árboles, y la hierba se ponía amarillenta en las praderas.

Elimelec, un hombre de la tribu de Judá, vivía en Belén con su esposa, Noemí. Tenían dos hijos: Mahlón y Quelión. Cuando se perdieron las cosechas y el hambre se esparció por toda la tierra, Elimelec decidió mudarse al sur, más allá del río Jordán, a la tierra de Moab. En ese país extranjero, la familia vivió durante diez años. Los dos hijos se casaron con mujeres moabitas. Una se llamaba Orfa y, la otra, Rut.

La familia enfrentó dificultades durante esos tiempos. Elimelec murió, y pronto sus dos hijos se enfermaron y también murieron. Noemí quedó viuda en el extranjero, sola con sus dos nueras. Ella decidió regresar a su hogar en Belén, porque había escuchado que ya no había más hambre en Canaán.

Cuando Noemí inició el viaje hacia su hogar, Rut y Orfa la acompañaron. Pero cuando Noemí pensó en el futuro de esas dos jóvenes viudas, les dijo:

—"Andad, volveos cada una a la casa de su madre; Jehová haga con vosotras misericordia, como la habéis hecho con los muertos y conmigo. Os conceda

Jehová que halléis descanso, cada una en casa de su marido".

Se despidió de las dos jóvenes con un beso, y ellas comenzaron a llorar. Le dijeron:

—"Ciertamente nosotras iremos contigo a tu pueblo"—

Noemí respondió:

—"Volveos, hijas mías; ¿para qué habéis de ir conmigo?"

Orfa se despidió de su suegra y regresó a su propio pueblo. Pero Rut creía en el Dios del cielo, y amaba a su suegra. Le dijo a Noemí:

—"No me ruegues que te deje, y me aparte de ti; porque a dondequiera que tú fueres, iré yo, y dondequiera que vivieres, viviré. Tu pueblo será mi pueblo, y tu Dios mi Dios".

Las dos mujeres hicieron todo el camino de regreso a Belén, donde fueron recibidas por los parientes y los amigos de Noemí.

Hechos clave

La ley israelita demandaba que las esquinas de los campos sembrados no fueran cosechadas, y todo grano que se cayera debía ser dejado para las personas pobres.

Noemí y Rut encontraron un hogar en Belén al comienzo de la cosecha de la cebada. Las leyes de Israel requerían que los propietarios de los campos permitieran que los pobres espigaran los tallos que se les caían a los cosechadores. También podían tomar el grano que crecía en las esquinas de los campos.

Si bien las mujeres tenían un lugar para vivir, necesitaban comida para alimentarse. Rut, que conocía la ley de la cosecha, le dijo a Noemí:

—"Te ruego que me dejes ir al campo, y recogeré espigas en pos de aquel a cuyos ojos hallare gracia".

Así que Rut fue a espigar a los campos de Booz, un acaudalado pariente del esposo de Noemí. Mientras Rut estaba espigando el grano que se les había caído a los cosechadores, Booz llegó al campo. Vio a esta hermosa mujer y preguntó quién era.

—"¿De quién es esta joven?" —preguntó Booz al siervo a cargo de la cosecha.

—"Es la joven moabita que volvió con Noemí de los campos de Moab" —respondió el siervo.

Booz se acercó a Rut y le dijo:

—"Oye, hija mía, no vayas a espigar a otro campo, ni pases de aquí; y aquí estarás junto a mis criadas. Mira bien el campo que sieguen, y síguelas; porque yo he mandado a los criados que no te molesten. Y cuando tengas sed, ve a las vasijas, y bebe del agua que sacan los criados".

Rut inclinó su rostro a tierra ante Booz, y le preguntó:

—"¿Por qué he hallado gracia en tus ojos para que me reconozcas, siendo yo extranjera?

—"He sabido todo lo que has hecho con tu suegra después de la muerte de tu marido —respondió Booz—, y que dejando a tu padre y a tu madre y la tierra donde naciste, has venido a un pueblo que no conociste antes".

Booz no podía olvidar la dulce sonrisa de Rut. Al llegar la hora de comer, le dijo:

—"Ven aquí, y come del pan, y moja tu bocado en el vinagre".

Rut se sentó junto a los segadores, y Booz le dio algo de grano tostado para comer.

Después de comer, cuando Rut regresó a su trabajo, Booz le dio instrucciones a sus siervos:

—"Que recoja también espigas entre las gavillas, y no la avergoncéis; y dejaréis también caer para ella algo de los manojos, y lo dejaréis para que lo recoja, y no la reprendáis".

A la puesta del sol, Rut se apresuró a regresar a su hogar con el grano que había recogido.

—"¿Dónde has espigado hoy? ¿y dónde has trabajado? Bendito sea el que te ha reconocido".

—"El nombre del varón con quien hoy he trabajado es Booz" —dijo ella.

—"Nuestro pariente es aquel varón —le dijo Noemí—, y uno de los que pueden redimirnos. Mejor es —agregó ella—, hija mía, que salgas con sus criadas, y que no te encuentren en otro campo".

Noemí esperaba que Booz continuara mirando con buenos ojos a esta joven. Si bien Booz era pariente de Elimelec, otro hombre en Belén era un pariente más cercano del esposo de Noemí. De acuerdo con las leyes de Israel, si un hombre moría sin dejar hijos, el pariente más cercano tenía el derecho de comprar las propiedades de la familia, y podía también casarse con la viuda. Si el pariente más cercano no deseaba comprar la tierra, los siguientes parientes más cercanos podían hacerlo.

Un día, Booz fue hasta las puertas de la ciudad, donde se decidían los asuntos importantes del pueblo, y se sentó. Pronto llegó el hombre que era el pariente más cercano del esposo de Noemí. Booz lo llamó y le habló acerca de la tierra que debía redimir.

—"No hay otro que redima sino tú, y yo después de ti" —dijo Booz.

—"Yo redimiré" —dijo el pariente.

Entonces, Booz dijo:

—"El mismo día que compres las tierras de mano de Noemí, debes tomar también a Rut la moabita, mujer del difunto, para que restaures el nombre del muerto sobre su posesión".

Esto significaba que, sea quien fuere a redimir la tierra, debía casarse con Rut.

—"No puedo redimir para mí, no sea que dañe mi heredad. Redime tú, usando de mi derecho, porque yo no podré redimir".

Entonces, Booz dijo a los ancianos de la ciudad y a las personas que estaban en las puertas:

—"Vosotros sois testigos hoy, de que he adquirido de mano de Noemí todo lo que fue de Elimelec, y todo lo que fue de Quelión y de Mahlón. Y que

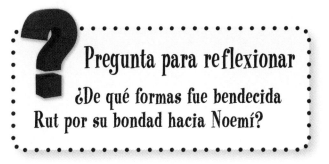

Pregunta para reflexionar

¿De qué formas fue bendecida Rut por su bondad hacia Noemí?

también tomo por mi mujer a Rut la moabita, mujer de Mahlón, para restaurar el nombre del difunto sobre su heredad".

Noemí estaba muy feliz de ver bien casada a Rut. Tiempo después, las mujeres del vecindario le llevaron maravillosas noticias a Noemí. ¡Rut y Booz tenían un hijo! Las mujeres le dijeron a Noemí, que ahora era abuela:

—"Loado sea Jehová, que hizo que no te faltase hoy pariente, cuyo nombre será celebrado en Israel; el cual será restaurador de tu alma, y sustentará tu vejez".

Noemí fue hasta el hogar de Rut y tomó al bebé en sus brazos, meciéndolo tiernamente. Llegó a ser la niñera del bebé, y lo cuidaba con tanto amor, que las mujeres del vecindario se burlaban de ella, diciendo: "Le ha nacido un hijo a Noemí".

El nombre del niño era Obed. Llegó a ser el abuelo de David, quien se convertiría en un poderoso rey de Israel.

Capítulo 9

EL NIÑO PROFETA

1 Samuel 1-4

Cuando la nación de Israel se estableció en Canaán, el templo, la tienda maravillosa donde se ofrecían sacrificios y Dios se encontraba con su pueblo, fue colocado permanentemente en la ciudad de Silo. Cada año, muchos de los fieles israelitas iban allí a adorar a Dios y a ofrecer sacrificios y ofrendas de agradecimiento.

Elcana, un hombre del pueblo de Ramataim, viajaba cada año hasta Silo para adorar en el templo. Tenía dos esposas: Ana y Penina, que lo acompañaron. Si bien Penina tenía hijos, estaba celosa de Ana, que no los tenía. Con frecuencia, cuando Elcana no estaba presente, Penina hacía comentarios hirientes y miserables acerca de Ana, y la hacía sentir mal porque no tenía hijos ni hijas. Ana anhelaba tener un hijo más que nada en el mundo.

Un año, cuando la familia visitó Silo, Ana lloraba y estaba deprimida. No había comido nada en todo el día. En la tarde, Elcana le había expresado cuánto la amaba:

—"¿No te soy yo mejor que diez hijos?" —le preguntó.

Pero Ana seguía queriendo tener un hijo con todo su corazón. A la mañana siguiente fue al templo a orar. Ella hizo un voto a Dios de que, si llegaba a tener un hijo, lo entregaría al servicio del Señor todos los días de su vida.

Elí, el Sumo Sacerdote del templo, vio a Ana parada con sus ojos cerrados cerca de la entrada. Sus labios se movían, pero no salía ninguna palabra de su boca. De primer momento, Elí pensó que ella estaba borracha, pero Ana le dijo:

—"No, señor mío; yo soy una mujer atribulada de espíritu […] No tengas a tu sierva por una mujer impía; porque por la magnitud de mis congojas y de mi aflicción he hablado hasta ahora".

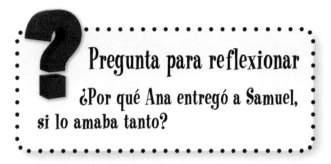

Pregunta para reflexionar
¿Por qué Ana entregó a Samuel, si lo amaba tanto?

Elí la consoló, diciendo:

—"Ve en paz, y el Dios de Israel te otorgue la petición que le has hecho".

Ella regresó a la tienda de Elcana y comió con él. Ella se sentía mejor, y ya no se veía triste.

Poco tiempo después que la familia regresara a su hogar en Ramataim, Ana quedó embarazada y tuvo un hijo varón. ¡Estaba tan feliz! Lo llamó Samuel, que significa "Pedido a Jehová".

Los años pasaron. Cuando Samuel tuvo suficiente edad para dejar el hogar, Ana cumplió la promesa que le había hecho a Dios. Llevó al niño a la casa del Señor en Silo y se lo entregó a Elí.

—"¡Oh, señor mío! —le dijo ella al Sumo Sacerdote—. Vive tu alma, señor mío, yo soy aquella mujer que estuvo aquí junto a ti orando a Jehová. Por este niño oraba, y Jehová me dio lo que le pedí. Yo, pues, lo dedico también a Jehová; todos los días que viva, será de Jehová".

La familia de Elcana adoró a Dios en el templo, tal como lo hacía habitualmente, y Ana hizo una hermosa oración de agradecimiento.

El pequeño Samuel debe haber extrañado mucho cuando su madre lo dejó. Elí era anciano, y con todo el trabajo que había que hacer en la casa de Dios, a Samuel le quedaba muy poco tiempo para jugar. Pero Samuel cumplía fielmente con su trabajo. Abría las puertas de la casa de Dios en la mañana, y las cerraba en la noche. Mantenía en buen estado el candelabro, y probablemente limpiaba los pisos y sacudía el polvo de los muebles del dormitorio del Sumo Sacerdote.

Samuel vestía una túnica de lino, como la de los sacerdotes cuando servían en el templo. Cada año, cuando Ana iba a adorar a la casa del Señor, le llevaba una túnica nueva que ella había hecho con sus propias manos. Ana había tenido tres hijos y dos hijas más, así que ya no se sentía sola en su hogar.

Samuel dormía en el templo, cerca de donde ardía el candelabro frente al arca dorada. Una noche se despertó de su profundo sueño por una voz suave que lo llamaba por su nombre:

—¡Aquí estoy! —respondió.

Pensaba que era Elí quien lo llamaba, así que corrió hasta el sacerdote y le dijo:

—"Heme aquí, ¿para qué me llamaste?"

—"Yo no he llamado —declaró Elí—; vuelve y acuéstate".

Samuel se volvió y se acostó en su estera. Nuevamente una voz lo llamó:

—"¡Samuel!"

Una vez más el niño se levantó y fue hasta la cama de Elí.

—"Heme aquí; ¿para qué me has llamado?" —respondió Samuel.

—"Hijo mío, yo no he llamado; vuelve y acuéstate" —respondió el sacerdote.

Cuando por tercera vez la voz llamó, el niño se levantó rápidamente y fue hasta Elí, diciendo nuevamente:

—"Heme aquí; ¿para qué me has llamado?"

Entonces Elí se dio cuenta de que era el Señor el que llamaba al jovencito. Le dijo a Samuel:

—"Ve y acuéstate; y si te llamare,

Hechos clave

Dios le habló a Samuel porque su corazón era puro e inocente.

dirás: Habla, Jehová, porque tu siervo oye". Hasta ese momento, Samuel nunca había recibido un mensaje de Dios. El niño volvió a su cama y se acostó. El Señor volvió a llamar:

—"¡Samuel, Samuel!"

Tal como se lo había dicho Elí, Samuel dijo:

—"Habla, porque tu siervo oye".

Entonces, el Señor le dijo estas palabras a Samuel:

—"He aquí haré yo una cosa en Israel, que a quien la oyere, le retiñirán ambos oídos. Aquel día yo cumpliré contra Elí todas las cosas que he dicho sobre su casa, desde el principio hasta el fin. Y le mostraré que yo juzgaré su casa para siempre, por la iniquidad que él sabe; porque sus hijos han blas-

Dios dice:

"Y Samuel creció, y Jehová estaba con él, y no dejó caer a tierra ninguna de sus palabras" –1 Samuel 3:19.

femado a Dios, y él no los ha estorbado. Por tanto, yo he jurado a la casa de Elí que la iniquidad de la casa de Elí no será expiada jamás, ni con sacrificios ni con ofrendas".

En la mañana, cuando Samuel abrió las puertas dobles de la casa del Señor, Elí lo llamó y le dijo:

—"Hijo mío, Samuel".

—"Heme aquí" —respondió él.

—"¿Qué es la palabra que te habló? —le preguntó—. Te ruego que no me la encubras".

Entonces, Samuel le contó al Sumo Sacerdote todo lo que el Señor le había dicho.

—"Jehová es; haga lo que bien le pareciere" —dijo Elí.

Samuel había recibido su primer mensaje de Dios. Recibiría muchos más de adulto. Samuel creció y se convirtió en un hombre fiel a Dios, y obedeció todos sus mandamientos. A menudo, Dios le entregaba mensajes e instrucciones para los israelitas y Samuel le transmitía fielmente al pueblo lo que Dios le había dicho. Todos en la nación se dieron cuenta de que Dios había establecido a Samuel como su profeta en Israel.

Capítulo 10

DAVID, EL EXTERMINADOR DE GIGANTES

1 Samuel 16; 17

Samuel fue profeta en Israel durante muchos años. Condujo al pueblo y lo ayudó a seguir a Dios. Pero el pueblo quería un rey como las naciones de alrededor. Así que Dios le pidió a Samuel que ungiera a Saúl como rey de Israel. Pero Saúl no obedeció a Dios y, finalmente, Dios decidió que Saúl debía ser reemplazado.

—"Llena tu cuerno de aceite —el Señor le pidió a Samuel—, y ven, te enviaré a Isaí de Belén, porque de sus hijos me he provisto de rey".

Cuando Samuel llegó a Belén, reunió a los jefes de la ciudad ante el altar para adorar a Dios. Isaí y sus hijos estaban allí. Isaí era el hijo de Obed y el nieto de Rut, la joven que se había casado con Booz. Isaí era pastor de ovejas, y tenía ocho hijos que lo ayudaban a cuidar de sus rebaños.

Después que Samuel ofreció un sacrificio sobre el altar, pidió ver a los hijos de Isaí. Comenzando con Eliab, el hijo mayor, el profeta estudió cuidadosamente a cada uno de los jóvenes. Le agradaba la apariencia de Eliab, porque era fuerte y bien parecido. Samuel lo hubiera ungido como rey de Israel en ese mismo momento, pero el Señor le dijo:

—"No mires a su parecer, ni a lo grande de su estatura, porque yo lo desecho; porque Jehová no mira lo que mira el hombre; pues el hombre mira lo que está delante de sus ojos, pero Jehová mira el corazón".

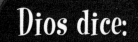

Dios dice:

"El hombre mira lo que está delante de sus ojos, pero Jehová mira el corazón" 1 Samuel 16:7.

Después, Samuel contempló cuidadosamente a Abinadab, el siguiente hijo mayor. Luego, pasaron el tercero y el cuarto ante él, pero Dios no escogió a ninguno de ellos como rey. Y pasaron también el quinto, el sexto y el séptimo hijo. Pero Dios tampoco los escogió. Ahora, el profeta estaba en dificultades, y le dijo a Isaí:

—"Jehová no ha elegido a éstos […] ¿Son éstos todos tus hijos?"

—"Queda aún el menor —respondió Isaí—, que apacienta las ovejas".

—"Envía por él —dijo Samuel—, porque no nos sentaremos a la mesa hasta que él venga aquí".

David, el niño pastor, llegó desde el campo y compareció ante Samuel. Cuando el profeta vio los ojos resplandecientes y la buena apariencia de este adolescente, escuchó decir a Dios:

—"Levántate y úngelo, porque éste es".

Samuel tomó el cuerno de aceite y ungió al niño pastor como rey, mientras sus hermanos y su padre permanecían parados, observando la extraña ceremonia.

Mientras tanto Saúl, el rey de Israel, se había puesto más triste y estaba deprimido. Si bien él no se había dado cuenta, el Espíritu Santo de Dios lo había abandonado por su bien. Comenzó a mostrar tantos signos de enfermedad mental, que sus siervos le sugirieron que la suave música del arpa calmaría la atribulada mente del rey. A Saúl le agradó la sugerencia, y dijo:

—"Buscadme, pues, ahora alguno que toque bien, y traédmelo".

Uno de los siervos dijo:

—"He aquí yo he visto a un hijo de Isaí de Belén, que sabe tocar, y es valiente y vigoroso y hombre de guerra, prudente en sus palabras, y hermoso, y Jehová está con él".

Saúl mandó mensajeros a Isaí, para pedirle que enviara a su hijo David a tocar el arpa ante él. Y el Padre envió a su hijo a la corte de Saúl. David interpretó hermosas melodías con su arpa, que en su gran mayoría había compuesto mientras pastoreaba las ovejas en las colinas. Algunos de estos cánticos están registrados en la Biblia. El Salmo 23 es uno cántico famoso de David.

Cada vez que David tocaba para él, Saúl quedaba renovado por la música,

DAVID, EL EXTERMINADOR DE GIGANTES

y se sentía feliz nuevamente.

Mientras tanto, los filisteos continuaban atacando al pueblo de Israel. El enemigo acampaba en las montañas, mientras que el ejército de Israel estaba apostado en otra montaña, en el valle de Ela. Cada día, un poderoso campeón del campamento de los filisteos descendía hasta el valle y se burlaba de los israelitas. Su nombre era Goliat, y era un gigante de cerca de tres metros de altura. Llevaba puesto un casco y una armadura de bronce, cargaba una larga y pesada espada. Solo su armadura pesaba casi sesenta kilos. Un soldado iba al frente de Goliat, cargando su escudo. Cada mañana y cada tarde, durante cuarenta días, se paraba frente a los soldados de Israel, burlándose de ellos y gritándoles:

—"Hoy yo he desafiado al campamento de Israel; dadme un hombre que pelee conmigo".

Siempre que Saúl y sus soldados escuchaban las palabras del filisteo, se desanimaban y sentían miedo. Y si bien el rey mismo era alto y fuerte, no se atrevía a luchar contra el gigante.

Tres de los hermanos mayores de David estaban en el ejército israelita. Uno día, Isaí le pidió a David que los visitara en el campamento.

—"Mira si tus hermanos están buenos, y toma prendas de ellos" —le dijo a David.

Cuando David llegó al campamento, descubrió que todos habían entrado en pánico por Goliat. Cuando David se enteró de que ningún soldado israelita estaba dispuesto a desafiar al gigante, se ofreció como voluntario. Le dijo al rey Saúl:

—"No desmaye el corazón de ninguno a causa de él; tu siervo irá y peleará contra este filisteo".

—"No podrás tú ir contra aquel filisteo —le dijo Saúl a David—, para pelear con él; porque tú eres muchacho, y él un hombre de guerra desde su juventud".

Hechos clave

David demostró que era valiente y fiel en sus responsabilidades como niño pastor.

—"Tu siervo era pastor de las ovejas de su padre —respondió David—; y cuando venía un león, o un oso, y tomaba algún cordero de la manada, salía yo tras él, y lo hería, y lo libraba de su boca; y si se levantaba contra mí, yo le echaba mano de la quijada, y lo hería y lo mataba. Fuese león, fuese oso, tu siervo lo mataba".

Entonces, David agregó estas valientes palabras:

—"Jehová, que me ha librado de las garras del león y de las garras del oso, él también me librará de la mano de este filisteo".

—"Ve —asintió Saúl—, y Jehová esté contigo".

Hizo que sus siervos le colocaran su propia pesada armadura a David. Luego, David envainó la espada de Saúl y trató de caminar. Entonces dijo:

—"Yo no puedo andar con esto, porque nunca lo practiqué" —y se quitó la armadura.

Tomando su vara de pastor, y con solo su honda en la mano, David descendió hasta el arroyo que estaba a la mitad del valle, y escogió cuidadosamente cinco piedras lisas. Las puso en su bolsa de pastor y avanzó hacia el gigante. Goliat se acercó hasta el joven con el escudero frente a él. Cuando vio que David solo llevaba una vara de madera, gritó enfurecido:

—"¿Soy yo perro, para que vengas a mí con palos?" —y maldijo a David.

Sin intimidarse en lo más mínimo por este gigante gruñón, David le dijo:

—"Tú vienes a mí con espada y lanza y jabalina; mas yo vengo a ti en el nombre de Jehová de los ejércitos, el Dios de los escuadrones de Israel, a quien tú has provocado. Jehová te entregará hoy en mi mano, y yo te venceré, y te cortaré la cabeza, y daré hoy los cuerpos de los filisteos a las aves del cielo y a las bestias de la tierra; y toda la tierra sabrá que hay Dios en Israel. Y sabrá toda esta congregación que Jehová no salva con espada y con lanza; porque de Jehová es la batalla, y él os entregará en nuestras manos".

Con furia, Goliat avanzó hacia David, imponiendo su altura sobre el joven.

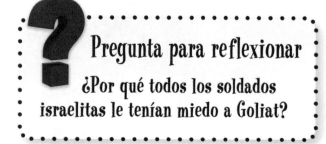

Pregunta para reflexionar

¿Por qué todos los soldados israelitas le tenían miedo a Goliat?

DAVID, EL EXTERMINADOR DE GIGANTES

Con menosprecio, se levantó el visor del casco y, en ese momento, David estuvo listo para actuar. Puso una piedra en su honda, y la lanzó con toda su fuerza y habilidad. La piedra fue directo hacia Goliat ¡y se clavó justo en su frente!

Desmayado por el golpe, el gigante cayó sobre su rostro. David no llevaba una espada, así que corrió hacia Goliat, y tomó la propia espada del gigante. Mató a Goliat y le cortó la cabeza.

Cuando los filisteos vieron que su campeón yacía muerto sobre el campo de batalla, entraron en pánico y huyeron aterrorizados, abandonando sus tiendas y sus pertenencias. Los ejércitos de Israel se alzaron con un gran grito, persiguieron al enemigo y lo derrotaron. David se convirtió en el héroe de su pueblo.

Capítulo 11

ELISEO, EL OBRADOR DE MILAGROS

2 Reyes 2:15-4:44; 6:1-7

Eliseo fue un fiel profeta de Dios. Había servido al profeta Elías y, cuando Elías fue arrebatado al cielo, Eliseo continuó conduciendo a la nación de Israel. Las personas vieron que el Señor estaba con Eliseo, tal como lo había estado con Elías. Se decían: "El espíritu de Elías reposó sobre Eliseo".

Eliseo era un hombre de buenas obras. Siembre ayudaba a las personas. Antes de dejar Jericó, los hombres de la ciudad le pidieron su consejo sobre un asunto práctico. La fuente de agua que abastecía la ciudad era amarga. ¿De qué manera podía ser apta para el consumo? Eliseo sencillamente tomó sal y la derramó en las aguas, y las aguas llegaron a ser puras y dulces.

El profeta caminó hacia el norte, en dirección a Betel. Mientras pasaba por una aldea, apareció una pandilla de jóvenes que se burlaron de él:
—"¡Calvo, sube! ¡calvo, sube!" —gritaban.

Repentinamente, dos osos salieron de los bosques cercanos y atacaron a cuarenta y dos de estos jóvenes. Al deshonrar al profeta Eliseo, estos jóvenes estaban pecando contra Dios.

Un día, cuando Eliseo estaba en su hogar en la escuela de los profetas, se presentó una viuda con un problema. Su esposo había muerto, y tenía una gran deuda de dinero con otro hombre.

Ahora, el hombre estaba reclamando el dinero adeudado, y amenazaba con tomar como esclavos a sus dos hijos para saldar la deuda.

—"Declárame qué tienes en casa" —preguntó Eliseo.

—"Tu sierva ninguna cosa tiene en casa, sino una vasija de aceite" —respondió ella.

—"Ve y pide para ti vasijas prestadas de todos tus vecinos, vasijas vacías, no pocas. Entra luego, y enciérrate tú y tus hijos; y echa en todas las vasijas, y cuando una esté llena, ponla aparte".

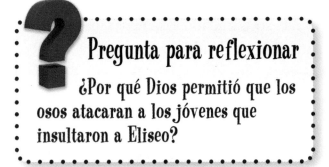

Pregunta para reflexionar

¿Por qué Dios permitió que los osos atacaran a los jóvenes que insultaron a Eliseo?

La mujer siguió las instrucciones de Eliseo y pidió prestadas vasijas vacías. Después de cerrar la puerta de entrada, comenzó a derramar aceite de su vasija en las que le habían prestado, mientras sus hijos le seguían trayendo más y más vasijas. Su pequeña vasija de aceite siguió vertiendo y vertiendo; ¡y llenando recipiente tras recipiente! Cuando todas las vasijas que tenía alrededor estuvieron llenas, le dijo a uno de sus hijos:

—"Tráeme aún otras vasijas".

—"No hay más vasijas" —le respondió él.

La viuda miró su pequeña jarra de aceite, para descubrir que ahora estaba vacía. Se apresuró a regresar con Eliseo para contarle que había llenado muchas vasijas con el aceite de su pequeña jarra.

—"Ve y vende el aceite —dijo él—, y paga a tus acreedores; y tú y tus hijos vivid de lo que quede".

Tiempo después, el buen profeta estaba caminando hacia Sunem, una villa en las colinas del norte del Monte Carmelo. A medida que Eliseo bajaba por la calle, una mujer lo vio y lo invitó a su hogar para comer un poco. El profeta visitaba con frecuencia Sunem y, después de esto, siempre se detenía en el hogar de esta mujer y su esposo para comer.

Un día la mujer le dijo a su esposo:

—"He aquí ahora, yo entiendo que éste que siempre pasa por nuestra casa, es varón santo de Dios. Yo te ruego que hagamos un pequeño aposento de paredes, y pongamos allí cama, mesa, silla y candelero, para que cuando él viniere a nosotros, se quede en él".

Eliseo apreciaba la amabilidad de esta familia al cederle un cuarto de huéspedes, y lo usaba siempre que volvía a Sunem.

Eliseo notó que la mujer no tenía hijos, y su esposo era ya anciano. Eliseo le dijo a la mujer que Dios bendeciría su hogar con un hijo. Ella no creyó en la predicción, pero un año más tarde, en el tiempo en que Eliseo lo había dicho, tuvo un hijo varón.

Pasaron varios años, y el niño creció. Un día salió hacia los sembrados, donde los siervos estaban cosechando el grano. Los rayos del sol quemaban con intensidad, y al niño le comenzó a doler la cabeza. Después de un momento, fue hasta su padre, clamando:

—"¡Ay, mi cabeza, mi cabeza!"

El padre se dio cuenta de que estaba insolado. Llamó al criado y le dijo:

—"Llévalo a su madre".

La madre sostuvo en sus rodillas al niño hasta el mediodía, y luego murió.

La acongojada madre ensilló un asna y salió con rapidez hasta el Monte Carmelo para encontrar a Eliseo. Ella le contó al profeta lo que le había sucedido a su único hijo. Eliseo envió a su siervo Giezi delante de él para que le devolviera la vida al niño. Cuando llegó a la casa, Giezi colocó el báculo de Eliseo sobre el rostro del niño, tal como su maestro le había ordenado; pero no hubo sonido ni respuesta del niño. Regresó a Eliseo con las malas noticias.

Poco tiempo después, Eliseo llegó a la casa con la mujer sunamita. Fue hasta la habitación del piso de arriba, donde yacía el niño muerto. Luego de cerrar la puerta, oró a Dios. Entonces, se acostó sobre el niño, colocando su rostro frente al rostro del chico, y colocó sus manos sobre las manos de él. La piel del niño comenzó a calentarse, pero no se movía. Eliseo caminó por toda la casa y volvió a orar. Se acostó una vez más sobre el niño y, repentinamente, ¡el niño estornudó siete veces!

El siervo de Eliseo condujo a la mujer hasta la habitación y, cuando vio a su hijo vivo, se arrodilló a los pies del profeta.

—"Toma tu hijo" —dijo Eliseo.

Ella lo tomó y salió.

En otra oportunidad, Eliseo fue a visitar la escuela de los profetas en Gilgal. Un año de malas cosechas había hecho que la comida escaseara. Giezi comenzó a preparar un guisado para los estudiantes, y uno de los jóvenes fue al campo a recoger hierbas. El estudiante encontró unas calabazas silvestres que no había visto antes. Las llevó junto con las hierbas, las trozó y las colocó en el guiso. Cuando los hombres se sentaron a comer, notaron un sabor extraño en la comida.

Hechos clave

La mujer sunamita fue doblemente recompensada por su amabilidad hacia el profeta de Dios.

—"¡Varón de Dios, hay muerte en esa olla!" —dijeron, y no la pudieron comer, porque la calabaza era venenosa.

Eliseo dijo:

—"Traed harina"

Luego de esparcir un puñado en la olla, ordenó:

—"Da de comer a la gente".

El guiso de la olla ya no era venenoso ni tenía gusto agrio.

Un día, un hombre trajo su diezmo a Eliseo en su alforja: veinte panes de cebada y algo de trigo fresco. El profeta pensó instantáneamente en sus hambrientos estudiantes. Le pidió a su siervo que se lo diera a los jóvenes de la escuela.

El siervo preguntó:

—"¿Cómo pondré esto delante de cien hombres?"

Aunque parecía que veinte panes no serían suficiente para tantas personas, Eliseo dijo:

—"Da a la gente para que coma, porque así ha dicho Jehová: Comerán, y sobrará".

Dios bendijo la comida, y todas las personas comieron hasta saciarse, y todavía sobró algo. Eliseo siempre creía en que Dios cuidaría de su pueblo, si ellos confiaban en él.

Los hijos de los profetas le dijeron a Eliseo que la escuela no tenía suficiente lugar para todos los estudiantes. Decidieron ir a orillas del río Jordán a cortar árboles para construir otro hogar para los estudiantes. Eliseo fue con ellos. Mientras estaban cortando los árboles, la cabeza de hierro del hacha de un estudiante se zafó y fue a parar al río.

—"¡Ah, señor mío, era prestada!" —dijo el joven.

—"¿Dónde cayó?" —preguntó el hombre de Dios.

El estudiante le mostró a Eliseo el lugar donde la cabeza del hacha había caído en el río. El profeta cortó un palo y lo lanzó al agua. ¡La cabeza del hacha flotó hasta la superficie!

—"Tómalo" —dijo Eliseo.

El joven se estiró y tomó la cabeza del hacha de la superficie del agua.

Eliseo confiaba en la ayuda de Dios en cada situación, grande o pequeña, y nunca fue desilusionado. Confía en Dios, y él te ayudará de la misma manera. ¡No hay duda de ello!

Capítulo 12

UNA NIÑA VALIENTE SALVA A UN LEPROSO

2 Reyes 5

Aram (Siria), el país que limitaba al norte con Israel, había hecho la guerra contra Israel desde los días del rey Acab. Durante el tiempo del profeta Eliseo, los sirios habían incursionado en Israel y capturado a algunas personas que vivían cerca de la ciudad de Samaria. Entre los prisioneros trasladados a su ciudad capital de Damasco estaba una niña que había visto al profeta y escuchado de las obras portentosas que había hecho en nombre del Dios verdadero.

La niña llegó a ser la criada de la esposa de Naamán, comandante del ejército sirio. Naamán era un gran hombre y altamente respetado por su rey, porque había conducido al ejército sirio a la victoria sobre los israelitas. Pero no era feliz, porque tenía una enfermedad llamada lepra. En aquellos días, no había cura para la lepra. Después de algunos años, al leproso le salía una erupción en la piel, y luego perdía los dedos de sus pies y de sus manos por causa de lesiones o infecciones, y hasta se le podía caer la nariz. Los leprosos se quedaban ciegos, y finalmente morían.

La criada israelita amaba a la esposa de Naamán, y estaba triste porque su amo tenía esta enfermedad incurable. Un día, ella le dijo a su señora:

—"Si rogase mi señor al profeta que está en Samaria, él lo sanaría de su lepra".

Cuando Naamán escuchó estas palabras, sintió esperanza. Decidió pedirle a su jefe, el rey de Siria, que le diera permiso para ir hasta Israel en busca de una cura.

—"Anda, ve —dijo el rey—, y yo enviaré cartas al rey de Israel".

Hechos clave

Muy lejos de su hogar, la pequeña niña esclava fue una gran testigo de Dios.

Naamán partió con carros, jinetes y soldados, y también llevó diez talentos de plata, seis mil piezas de oro y diez bellas mudas de ropa como regalo para el que pudiera quitarle esa temible enfermedad.

Naamán pensaba que el rey de Israel podría ayudarlo. Llegó a Samaria y le entregó la carta del rey de Siria al gobernante de Israel. La carta decía: "Cuando lleguen a ti estas cartas, sabe por ellas que yo envío a ti mi siervo Naamán, para que lo sanes de su lepra".

Después de leer la carta, el rey israelita se tiró al piso, rasgó sus vestiduras y gritó:

—"¿Soy yo Dios, que mate y dé vida, para que éste envíe a mí a que sane un hombre de su lepra? Considerad ahora, y ved cómo busca ocasión contra mí".

Eliseo escuchó que el rey de Israel no le había dado esperanza alguna de sanarse al comandante sirio, y envió un mensaje al rey:

—"¿Por qué has rasgado tus vestidos? Venga ahora a mí, y sabrá que hay profeta en Israel".

Así que Naamán y sus soldados fueron en sus carros hasta la casa de Eliseo. El profeta no salió a recibir a este importante oficial de una tierra extranjera. En su lugar, envió a Giezi, su siervo, que le dijo:

—"Vé y lávate siete veces en el Jordán, y tu carne se te restaurará, y serás limpio".

El comandante sirio se puso furioso. Dijo:

—"He aquí yo decía para mí: Saldrá él luego, y estando en pie invocará el nombre de Jehová su Dios, y alzará su mano y tocará el lugar, y sanará la lepra. Abana y Farfar, ríos de Damasco, ¿no son mejores que todas las aguas de Israel? Si me lavare en ellos, ¿no seré también limpio?"

Naamán partió muy enojado de la casa de Eliseo. Cuando se calmó, uno de sus siervos le dijo:

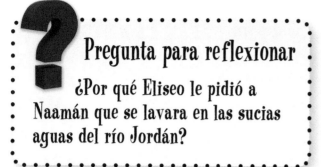

Pregunta para reflexionar

¿Por qué Eliseo le pidió a Naamán que se lavara en las sucias aguas del río Jordán?

—"Padre mío, si el profeta te mandara alguna gran cosa, ¿no la harías? ¿Cuánto más, diciéndote: Lávate, y serás limpio?"

El comandante se detuvo a pensar en estas palabras. Moriría de lepra, a menos que fuera sanado. ¿Por qué no seguir las sencillas instrucciones del profeta?

Se dirigió hacia el este hasta llegar al río Jordán. Naamán descendió de su carro, se quitó la ropa y se metió en el agua. Se sumergió siete veces, tal como Elías se lo había mandado. Cuando se sumergió en el agua, tenía feas manchas blancas en su piel y úlceras abiertas en su cuerpo.

Pero cuando salió del río la séptima vez, la piel de Naamán era como la de un bebé. ¡Se había curado de la lepra!

Saltando hacia su carro, se dirigió de regreso a la casa de Eliseo, mientras sus ayudantes lo seguían. Entró intempestivamente en la casa y se paró frente al profeta.

—"He aquí ahora conozco que no hay Dios en toda la tierra, sino en Israel. Te ruego que recibas algún presente de tu siervo".

—"Vive Jehová, en cuya presencia estoy, que no lo aceptaré" —dijo Eliseo.

Aunque Naamán instó al profeta a aceptar sus costosos regalos, Eliseo no quiso recibir nada. El comandante partió hacia el norte, camino a su hogar.

Dios dice:

"Se puso delante de él, y dijo: He aquí ahora conozco que no hay Dios en toda la tierra, sino en Israel" -2 Reyes 5:15.

Giezi, el siervo de Eliseo, había escuchado todo lo que habían dicho acerca del oro, la plata y las vestiduras. Sus propias ropas estaban gastadas y remendadas. Después que Naamán había recorrido algo de su viaje de regreso, Giezi corrió detrás de él. Cuando el oficial vio al hombre que corría detrás de ellos, detuvo sus carros y fue al encuentro del siervo de Eliseo.

—"¿Va todo bien?" —preguntó.

—"Bien —dijo Giezi—. Mi señor me envía a decirte: He aquí vinieron a mí en esta hora del monte de Efraín dos jóvenes de los hijos de los profetas;

te ruego que les des un talento de plata, y dos vestidos nuevos".

Por supuesto, Giezi estaba mintiendo. Pero Naamán estaba tan feliz por haber sido sanado de su lepra, que le dio más de lo que el siervo le había pedido.

—"Te ruego que tomes dos talentos" —dijo Naamán, amontonando el tesoro y las vestimentas sobre el hombre.

Giezi regresó a su casa y escondió los regalos. Entonces, se apareció ante Eliseo. El profeta le dijo:

—"¿De dónde vienes, Giezi?"

—"Tu siervo no ha ido a ninguna parte" —mintió Giezi.

—"¿No estaba también allí mi corazón, cuando el hombre volvió de su carro a recibirte? ¿Es tiempo de tomar plata, y de tomar vestidos, olivares, viñas, ovejas, bueyes, siervos y siervas? Por tanto, la lepra de Naamán se te pegará a ti y a tu descendencia para siempre".

Y Giezi salió leproso de la presencia de Eliseo, blanco como la nieve.

Debe haber sido emocionante y lleno de felicidad el día en que Naamán regresó a su hogar. Su esposa estaba maravillada al ver que su esposo ya no padecía esa terrible enfermedad. ¡La criada debe haber estado rebosante de alegría por su amo! No solo había regresado totalmente sano, sino que ahora él adoraba al Dios verdadero, a quien ella amaba. Por causa de que esta obediente niña había sido fiel a su Dios en un país extranjero, sus oraciones fueron contestadas.

Capítulo 13

EL ESCAPE MILAGROSO DE JONÁS

Libro de Jonás

En el extremo oriental de Israel y Siria, se elevaba el gran imperio de Asiria. Sus reyes eran gobernantes poderosos en la ciudad capital de Nínive. A menudo enviaban sus ejércitos y conquistaban las naciones más pequeñas. Por aquel entonces, los israelitas estaban divididos en dos naciones separadas: Israel y Judá, cada una con su propio rey. Cuando el rey de Israel oyó hablar de los asirios, tuvo miedo; y tenía toda la razón. Se avecinaba el día en que los temibles guerreros de Nínive atacarían su ciudad capital de Samaria.

En el pequeño país de Judá, la tierra de las dos tribus de Benjamín y Judá, vivía un profeta llamado Jonás. El Señor le envió un mensaje:

—"Levántate y ve a Nínive, aquella gran ciudad, y pregona contra ella; porque ha subido su maldad delante de mí".

El profeta puede haber tenido miedo de enfrentar a los ninivitas, o quizá no quería emprender un largo viaje hasta un país extranjero. Cualquiera sea el motivo, Jonás huyó en la dirección opuesta. Fue por mar hacia el oeste, a Jope, en lugar de dirigirse al este, a Nínive. Cuando Jonás llegó al puerto, compró un pasaje en un barco pesquero que partía hacia Tarsis, una ciudad en el extremo occidental. Ahora, pensó Jonás, *me iré a un lugar tan lejos, que Dios no podrá encontrarme.*

El escape milagroso de Jonás

Después que el barco zarpó del puerto hacia el mar abierto, el profeta se fue abajo, a la bodega, y se durmió profundamente. Pronto, una terrible tormenta de viento arremetió contra el bote. El viento bramaba, y grandes olas golpeaban los lados de la embarcación. Incluso los marineros tenían miedo, y todas las personas clamaban a sus dioses paganos en busca de ayuda. La tormenta se volvió tan severa, que parecía que el barco se hundiría. Desesperada, la tripulación echó por la borda la carga que llevaban para alivianar el barco.

El capitán bajó a la bodega del barco y encontró a Jonás profundamente dormido.

—"¿Qué tienes, dormilón? —preguntó el capitán—. Levántate, y clama a tu Dios; quizá él tendrá compasión de nosotros, y no pereceremos".

Los hombres de abordo se dijeron:

—"Venid y echemos suertes, para que sepamos por causa de quién nos ha venido este mal".

Y echaron suertes —algo así como tirar dados— y la suerte cayó sobre Jonás. Miraron a este hombre que había comprado el pasaje para el barco, y le dijeron:

—"Decláranos ahora por qué nos ha venido este mal. ¿Qué oficio tienes, y de dónde vienes? ¿Cuál es tu tierra, y de qué pueblo eres?"

Jonás les contó a los hombres que era hebreo y que había huido del encargo que Dios le había hecho. Les dijo que adoraba al Creador del mar y de la tierra. Cuando los hombres escucharon esto, se aterrorizaron, y le preguntaron:

—"¿Por qué has hecho esto?"

Después de dialogar entre ellos, los marineros le preguntaron a Jonás:

—"¿Qué haremos contigo para que el mar se nos aquiete?"

La tormenta iba empeorando minuto a minuto.

—"Tomadme y echadme al mar —dijo Jonás—, y el mar se os aquietará; porque yo sé que por mi causa ha venido esta gran tempestad sobre vosotros".

Los marineros no querían tirar a Jonás por la borda. Sacaron los remos, y trataron de hacer volver el barco a tierra. Pero las fuertes olas golpeaban contra la embarcación, y la tormenta se embravecía más y más. Finalmente, espantados, clamaron al Dios del cielo, diciendo:

—"Te rogamos ahora, Jehová, que no perezcamos nosotros por la vida de este hombre, ni pongas sobre nosotros la sangre inocente; porque tú, Jehová, has hecho como has querido".

Dios dice:
"Pero Jehová tenía preparado un gran pez que tragase a Jonás" –Jonás 1:17.

Y tomaron a Jonás y lo lanzaron al estruendoso mar. Cuando lo hubieron hecho, la tormenta amainó inmediatamente, y las olas se aquietaron.

Jonás estaba tratando de mantenerse a flote, cuando "un gran pez" vino nadando hacia él. Debe haber gritado, asustado y aterrorizado, mientras el pez abría su gran boca. Jonás no supo más nada, ¡hasta sentir que era succionado hacia adentro y tragado por las grandes mandíbulas del pez! Descendió y descendió, hasta llegar al estómago del pez. "Pero Jehová tenía preparado un gran pez que tragase a Jonás", dice la Biblia.

Durante tres días y tres noches, Jonás dio vueltas dentro del estómago del gran pez. Debe haberse asustado y entrado en pánico. No obstante, sabía lo que estaba sucediendo, y oró a Dios, prometiéndole que, si salía vivo, obedecería e iría a Nínive a predicar.

Después de tres días, el pez vomitó a Jonás sobre la playa, y el profeta regresó a su hogar, agradecido de que se le había perdonado la vida. Pronto, le llegó el mensaje de Dios por segunda vez, que decía:

—"Levántate y ve a Nínive, aquella gran ciudad, y proclama en ella el mensaje que yo te diré".

Esta vez, Jonás no dudó. Partió inmediatamente hacia Nínive. Cuando llegó a la gran ciudad a orillas del río Tigris, iba por las calles, gritando:

—"De aquí a cuarenta días Nínive será destruida".

Los ninivitas eran pecaminosos y malvados, pero cuando escucharon esta advertencia, comenzaron a ayunar. El rey proclamó un decreto de que cada persona debía ayunar y arrepentirse de sus pecados, y clamar a Dios. Inmediatamente toda la ciudad se apartó de su mala conducta. Cuando el Señor vio que los asirios querían hacer lo correcto, decidió no destruir Nínive.

Pero cuando Jonás se enteró de que la ciudad no sería destruida, se enojó. Le parecía que había estado trabajando inútilmente. Decidió que no valía la pena seguir viviendo, y oró:

—"Ahora pues, oh Jehová, te ruego que me quites la vida; porque mejor me es la muerte que la vida".

El Señor le dijo:

—"¿Haces tú bien en enojarte tanto?"

Sin responder la pregunta, Jonás abandonó la ciudad y caminó hasta una ladera, desde donde podía contemplar la gran metrópolis. Se fabricó un refugio con ramas para protegerse del sol. El Señor hizo crecer una calabacera sobre el refugio para aliviar la miseria del enojado profeta. Jonás estaba agradecido por la agradable sombra que le brindaba la calabacera.

El profeta permaneció en su refugio toda la noche. A la mañana siguiente, Dios permitió que un gusano comiera parte de la calabacera, de tal modo que se marchitó rápidamente. Entonces, sopló un viento caluroso, y el sol golpeó a Jonás. Nuevamente, deseó morir.

El Señor le dijo:

—"Tuviste tú lástima de la calabacera, en la cual no trabajaste, ni tú la hiciste crecer; que en espacio de una noche nació, y en espacio de otra noche pereció. ¿Y no tendré yo piedad de Nínive, aquella gran ciudad donde hay más de ciento veinte mil personas que no saben discernir entre su mano derecha y su mano izquierda, y muchos animales?"

De esta manera, Dios le enseñó al profeta de Judá que él ama a las personas de todas las naciones y de todas las razas. Fue un ejemplo maravilloso de la misericordia del Padre. Dios está listo para perdonar a todo el que se arrepienta de sus pecados, si se vuelven a él con todo su corazón y con toda su mente. Jonás también aprendió que nunca podría huir del Señor, que ve todo lo que hacemos y escucha todo lo que decimos.

Hechos clave

Nínive era la capital de Asiria, una nación conocida por su crueldad.

Capítulo 14

EL HORNO ARDIENTE

Daniel 3; 4

Dios le había dado al rey Nabucodonosor, de Babilonia, un sueño acerca de una gigantesca imagen compuesta por diferentes metales. Su cabeza era de oro, y representaba el reinado de Nabucodonosor sobre Babilonia. Pero el rey no estaba satisfecho. No quería que Babilonia fuera solo la cabeza de oro; quería que su imperio durara para siempre. No estaba dispuesto a aceptar el significado del sueño que Dios le había dado: otros reinos surgirían después que Babilonia saliera de la escena de acción. Para demostrar el poder y la naturaleza imperecedera de su reino, ordenó que sus siervos crearan una estatua gigante de treinta metros de alto, y mandó a recubrir toda la estatua con oro. Hizo colocar la estatua sobre la llanura de Dura.

Luego, Nabucodonosor envió a que todos sus gobernadores, jueces, consejeros y otros elevados dignatarios vinieran de todas las provincias del reino para la dedicación de la estatua. En el día señalado para la celebración, una inmensa multitud de personas se reunieron sobre la llanura de Dura.

Un heraldo proclamó las instrucciones de Nabucodonosor a toda la multitud:

—"Mándase a vosotros, oh pueblos, naciones y lenguas, que al oír el son de la bocina, de la flauta, del tamboril, del arpa, del salterio, de la zampoña y de todo instrumento de música, os postréis y adoréis la estatua de oro que el rey

Nabucodonosor ha levantado; y cualquiera que no se postre y adore, inmediatamente será echado dentro de un horno de fuego ardiendo".

Tan pronto como la música sonó, todas las personas se arrodillaron ante la estatua de oro, tal como el rey lo había ordenado.

¡Todas las personas excepto tres! Sadrac, Mesac y Abed-nego que, junto con Daniel, habían sido llevados cautivos a Babilonia desde Judá. Estos jóvenes habían permanecido fieles a Dios en Babilonia y habían alcanzado cargos de influencia en el reinado. Ahora, permanecieron de pie, rechazando adorar la estatua. Adorarían solo a Dios. Sin duda, Daniel también hubiera permanecido de pie con ellos pero, evidentemente, no estaba durante la celebración.

Tan pronto como algunos babilonios vieron a los tres hebreos de pie, corrieron a contarle a Nabucodonosor:

—"Rey, para siempre vive… Hay unos varones judíos, los cuales pusiste sobre los negocios de la provincia de Babilonia: Sadrac, Mesac y Abed-nego;

estos varones, oh rey, no te han respetado; no adoran tus dioses, ni adoran la estatua de oro que has levantado".

El rey ordenó que le trajeran a los tres hebreos, y les dijo con furia en sus ojos:

—"¿Es verdad, Sadrac, Mesac y Abed-nego, que vosotros no honráis a mi dios, ni adoráis la estatua de oro que he levantado?"

Nabucodonosor dijo que les daría otra oportunidad. Pero que, si ellos no se arrodillaban tal como él lo había ordenado, los metería en un horno ardiente.

—"No es necesario que te respondamos sobre este asunto —dijeron los jóvenes oficiales–. He aquí nuestro Dios a quien servimos puede librarnos del horno de fuego ardiendo; y de tu mano, oh rey, nos librará. Y si no, sepas, oh rey, que no serviremos a tus dioses, ni tampoco adoraremos la estatua que has levantado".

Cuando Nabucodonosor escuchó esta respuesta sin rodeos, se llenó de ira contra los tres príncipes que se negaban a obedecer su orden de postrarse.

Dios dice:

"He aquí nuestro Dios a quien servimos puede librarnos del horno de fuego ardiendo" –Daniel 3:17.

Mandó a que calentaran el horno siete veces más de lo acostumbrado. Entonces, ordenó que algunos de sus soldados más fuertes ataran a los tres jóvenes y los lanzaran al horno súper caliente. Los tres hebreos cayeron en medio del fuego. El horno estaba tan caliente, que los soldados que lanzaron a los jóvenes al fuego murieron instantáneamente por el calor terrible.

El rey Nabucodonosor contempló un momento, y luego quedó alarmado. Llamó a sus ministros, y preguntó:

—"¿No echaron a tres varones atados dentro del fuego?"

—"Es verdad, oh rey" —respondieron ellos.

—"He aquí —dijo el rey— yo veo cuatro varones sueltos, que se pasean en medio del fuego sin sufrir ningún daño; y el aspecto del cuarto es semejante a hijo de los dioses".

El rey Nabucodonosor se acercó lo más que pudo a la puerta del horno de fuego ardiente y llamó:

—"Sadrac, Mesac y Abed-nego, siervos del Dios Altísimo, salid y venid".

Los tres hombres salieron caminando del horno, y pronto los maravillados oficiales y el rey se reunieron alrededor de ellos. Pudieron ver que el fuego no les había quemado ni siquiera un solo cabello. ¡Ni siquiera tenían olor a humo en sus ropas!

Ahora, el rey Nabucodonosor estaba listo para alabar al Dios del cielo por proteger a los tres jóvenes.

—"Bendito sea el Dios de ellos, de Sadrac, Mesac y Abed-nego, que envió su ángel y libró a sus siervos que confiaron en él, y que no cumplieron el edicto del rey, y entregaron sus cuerpos antes que servir y adorar a otro dios que su Dios".

Hechos clave

Cuando Nabucodonosor se dio cuenta de que los tres jóvenes no habían sido dañados por el fuego, los elogió por su valentía y por el Dios que adoraban.

Emitió un decreto de que todo el que dijera algo malo acerca del Dios de estos tres jóvenes, a lo largo de su reino, sería ejecutado y su hogar destruido.

El rey ascendió y les dio más responsabilidad en su reino a Sadrac, Mesac y Abed-nego.

Nabucodonosor estaba tan impresionado por el poder de Dios al cuidar de su pueblo, que envió mensajeros a todas las personas de su reino. Dijo:

—"Paz os sea multiplicada. Conviene que yo declare las señales y milagros que el Dios Altísimo ha hecho conmigo. ¡Cuán grandes son sus señales, y cuán potentes sus maravillas! Su reino, reino sempiterno, y su señorío de generación en generación".

Desafortunadamente, el rey Nabucodonosor no siguió recordando a Dios y su poder. Daniel intentó señalar al rey cuál es la dirección correcta. Daniel le suplicó a Nabucodonosor:

—"Por tanto, oh rey, acepta mi consejo: tus pecados redime con justicia, y tus iniquidades haciendo misericordias para con los oprimidos, pues tal vez será eso una prolongación de tu tranquilidad".

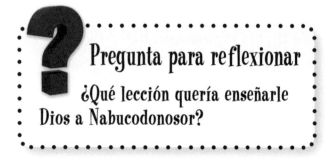

Pregunta para reflexionar

¿Qué lección quería enseñarle Dios a Nabucodonosor?

Pero Nabucodonosor pronto volvió a sus antiguos caminos arrogantes. Un día, estaba caminando por su palacio, contemplando Babilonia, una gran ciudad con muchas maravillas, y dijo en voz alta:

—"¿No es ésta la gran Babilonia que yo edifiqué para casa real con la fuerza de mi poder, y para gloria de mi majestad?"

Se tomó todo el crédito por las bendiciones que Dios mismo le había dado. Se olvidó de la manera en que Dios había obrado un milagro para proteger a Sadrac, Mesac y Abed-nego cuando él los había lanzado al horno ardiente. Olvidó cómo ellos habían salido del horno sin siquiera chamuscarse ¡y sin olor a humo!

Capítulo 15

DANIEL EN EL FOSO DE LOS LEONES

Daniel 5; 6

El rey Nabucodonosor había muerto, pero el reino de Babilonia continuaba con todo su poder y su grandeza. Belsasar, el nieto de Nabucodonosor, fue colocado como gobernante sobre la ciudad capital. Este hombre débil era un necio; solo amaba el placer y la gloria. Pronto su nación enfrentó un grave peligro. Los ejércitos de los medos y los persas atacaron Babilonia.

Belsasar no se preocupó por los enemigos. Pensó que las fuertes murallas de la ciudad harían imposible la entrada de cualquier enemigo. Organizó una gran fiesta e invitó a miles de nobles y funcionarios. Príncipes y estadistas asistieron y bebieron vino, y adoraron a sus dioses de oro y plata.

Durante la fiesta, aparecieron los dedos de la mano de un hombre y comenzaron a escribir en la pared delante del candelero. Un silencio cayó sobre toda la sala del banquete real. El rey se puso pálido, y sus rodillas chocaban una contra la otra. A gritos, mandó a llamar a sus astrólogos y adivinadores.

—"Cualquiera que lea esta escritura y me muestre su interpretación —les dijo el rey—, será vestido de púrpura [el color de la ropa de los reyes], y un collar de oro llevará en su cuello, y será el tercer señor en el reino".

Ninguno de los sabios que fueron hasta el salón del banquete y vieron la escritura sobre la pared pudieron leerla ni entenderla. La reina madre se en-

teró de lo que estaba sucediendo en la fiesta de Belsasar y sus señores, y se acercó al lugar. Recordaba que Daniel había interpretado los sueños del rey Nabucodonosor muchos años atrás.

—"Llámese, pues, ahora a Daniel, y él te dará la interpretación" —le aconsejó a su hijo.

Daniel fue llevado con urgencia ante el rey. Cuando Belsasar vio al anciano profeta, dijo:

—"¿Eres tú aquel Daniel de los hijos de la cautividad de Judá, que mi padre trajo de Judea? Yo he oído de ti que el espíritu de los dioses santos está en ti, y que en ti se halló luz, entendimiento y mayor sabiduría. Y ahora fueron traídos delante de mí sabios y astrólogos para que leyesen esta escritura y me diesen su interpretación; pero no han podido mostrarme la interpretación del asunto… Si ahora puedes leer esta escritura y darme su interpretación, serás vestido de púrpura, y un collar de oro llevarás en tu cuello, y serás el tercer señor en el reino".

Dios dice:

"Pesado has sido en balanza, y fuiste hallado falto" -Daniel 5:27.

—"Tus dones sean para ti —dijo Daniel sin rodeos—, y da tus recompensas a otros. Leeré la escritura al rey, y le daré la interpretación".

Daniel entonces le recordó a Belsasar el error de Nabucodonosor de olvidar a Dios, y el terrible castigo que le sobrevino.

—"Y tú, su hijo Belsasar, no has humillado tu corazón, sabiendo todo esto; sino que contra el Señor del cielo te has ensoberbecido".

Girándose hacia la escritura sobre la pared, Daniel tradujo las palabras.

—"MENE: Contó Dios tu reino, y le ha puesto fin. TEKEL: Pesado has sido en balanza, y fuiste hallado falto. PERES: Tu reino ha sido roto, y dado a los medos y a los persas".

Fiel a su palabra, Belsasar vistió a Daniel de púrpura, y puso en su cuello un collar de oro, y proclamó que él era el tercer señor del reino. Pero esa misma noche, los ejércitos de los medos y los persas entraron en la ciudad, vencieron a los guardias y mataron a Belsasar, rey de Babilonia.

Darío el medo llegó a ser el rey y tomó el imperio. Daniel continuó sirviendo en la corte bajo el nuevo rey. De hecho, el rey Darío nombró a Daniel como uno de los tres grandes jefes de sus 120 gobernadores. Daniel se distinguió como un hombre honesto y sabio, por lo que el rey consideró colocarlo sobre todo el reino. Por supuesto, los otros oficiales estaban celosos de Daniel, y conspiraron para meterlo en dificultades. Pero por más que se esforzaron, no encontraron ninguna falta en él. Los celosos conspiradores lo discutieron entre ellos y llegaron a la siguiente conclusión:

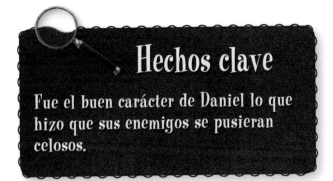

Hechos clave

Fue el buen carácter de Daniel lo que hizo que sus enemigos se pusieran celosos.

–"No hallaremos contra este Daniel ocasión alguna para acusarle, si no la hallamos contra él en relación con la ley de su Dios".

Después de pensarlo por mucho tiempo, trazaron un plan lleno de maldad. Los oficiales se apresuraron a llegar ante la presencia del rey y dijeron:

—"¡Rey Darío, para siempre vive! Todos los gobernadores del reino, magistrados, sátrapas, príncipes y capitanes han acordado por consejo que promulgues un edicto real y lo confirmes, que cualquiera que en el espacio de treinta días demande petición de cualquier dios u hombre fuera de ti, oh rey, sea echado en el foso de los leones. Ahora, oh rey, confirma el edicto y fírmalo, para que no pueda ser revocado, conforme a la ley de Media y de Persia, la cual no puede ser abrogada".

Estos hombres sabían que Daniel oraba solo al Dios del cielo. Sin embargo, no le mencionaron esto al rey. Sabían que si el rey Darío se daba cuenta que esta ley ponía en peligro la vida de Daniel, él no firmaría el decreto. Al rey Darío le agradó la propuesta y firmó el decreto, sin sospechar lo que estaba detrás.

Cuando Daniel, el profeta de Dios, se enteró del decreto, fue hasta su casa. Cada día, tres veces al día, Daniel abría la ventana de su casa que daba hacia Jerusalén. Entonces, se arrodillaba y le agradecía al Señor. Ese día, Daniel oró como era
su costumbre.

Sus enemigos corrieron hasta la casa de Daniel y lo encontraron orando a Dios allí mismo. Se apresuraron a volver al palacio para contarle al rey.

—"¿No has confirmado edicto que cualquiera que en el espacio de treinta días pida a cualquier dios u hombre fuera de ti, oh rey, sea echado en el foso de los leones?" —preguntaron, tratando de actuar con naturalidad.

—"Verdad es, conforme a la ley de Media y de Persia, la cual no puede ser abrogada" —dijo el rey.

—"Daniel, que es de los hijos de los cautivos de Judá, no te respeta a ti, oh rey, ni acata el edicto que confirmaste, sino que tres veces al día hace su petición".

Cuando el rey Darío escuchó esto, quedó profundamente afectado. Inmediatamente, se propuso salvar a Daniel. El rey se pasó todo el día tratando de encontrar una solución y liberar a su fiel gobernador. A la puesta de sol, los astutos oficiales se acercaron al rey Darío y le dijeron:

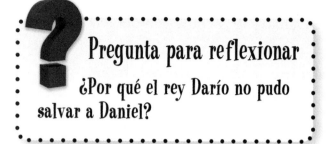

Pregunta para reflexionar

¿Por qué el rey Darío no pudo salvar a Daniel?

—"Sepas, oh rey, que es ley de Media y de Persia que ningún edicto u ordenanza que el rey confirme puede ser abrogado".

El rey dio la orden, y Daniel fue lanzado al foso de los leones. El rey Darío se asomó al foso y le dijo a Daniel:

—"El Dios tuyo, a quien tú continuamente sirves, él te libre".

Luego, la boca del foso fue cerrada con una gran piedra. El rey selló la piedra, estampando su anillo sobre cera.

Esa noche, el rey no pudo comer ni dormir. Sus pensamientos estaban con Daniel en el foso de los rugientes leones. En la mañana, ni bien salió el sol, el rey Darío se apresuró hacia el foso de los leones y llamó con voz triste:

—"Daniel, siervo del Dios viviente, el Dios tuyo, a quien tú continuamente sirves, ¿te ha podido librar de los leones?"

—"Oh rey, vive para siempre —dijo Daniel—. Mi Dios envió su ángel, el cual cerró la boca de los leones, para que no me hiciesen daño, porque ante él fui hallado inocente; y aun delante de ti, oh rey, yo no he hecho nada malo".

El rey estaba muy feliz. Mandó sacar a su amigo del foso de los leones. Pronto Daniel pisaba tierra firme otra vez, y no tenía ninguna lastimadura, ¡ni siquiera un rasguño!

Entonces, Darío ordenó que todos los hombres que habían acusado a Daniel fueran lanzados al foso de los leones. Los malvados oficiales, con sus esposas y sus hijos, fueron arrojados a los leones. Los leones eran feroces, y quebraron los huesos de estas personas incluso antes de que llegaran al fondo del foso.

Entonces, Darío escribió este decreto para todas las naciones:

"Paz os sea multiplicada. "De parte mía es puesta esta ordenanza: Que en todo el dominio de mi reino todos teman y tiemblen ante la presencia del Dios de Daniel".

Daniel, el anciano profeta, continuó prosperando durante el reinado de Darío, y fue fiel a Dios todos los días de su vida.

Capítulo 16

ESTER, LA REINA DE GRAN OSADÍA

Libro de Ester

Cuando Asuero llegó a ser el gobernante del Imperio Medopersa, decidió escoger una nueva reina de entre todas las bellas doncellas de su imperio. Ester, una jovencita judía, fue escogida como la nueva reina, aunque Asuero no sabía que ella era judía. Tampoco lo sabía nadie en la corte real.

Mardoqueo, el primo de Ester, era un oficial menor en el gobierno. Un día, escuchó por casualidad a dos enojados siervos que complotaban para matar al rey. Informó la conspiración, y los detalles del incidente quedaron escritos en los registros oficiales.

Por esa misma fecha, Amán, un orgulloso príncipe de la corte, fue promovido por sobre todos los demás príncipes. El rey ordenó que todos los oficiales y siervos se inclinaran ante él. Pero Mardoqueo no se inclinó ante Amán, porque se le había enseñado que debía adorar solo a Dios. Amán se llenó de ira. ¿Qué podía hacer? Pronto Amán decidió poner en marcha un plan malvado. Haría más que castigar solo a Mardoqueo. Castigaría a todos los judíos del reino. Por supuesto, él no sabía que la reina Ester era judía.

Amán se acercó al rey Asuero y dijo:

—"Hay un pueblo esparcido y distribuido entre los pueblos en todas las provincias de tu reino, y sus leyes son diferentes de las de todo pueblo, y no

91

guardan las leyes del rey, y al rey nada le beneficia el dejarlos vivir. Si place al rey, decrete que sean destruidos".

Dado que el rey no conocía los verdaderos propósitos de Amán, estuvo de acuerdo. Por supuesto, todavía no sabía que su hermosa reina era judía.

Cuando Mardoqueo se enteró del decreto, rasgó sus vestidos y se lamentó profundamente. Sabía que esta ley destinaba a su pueblo a la perdición. A medida que el decreto llegaba hasta los judíos que vivían en diferentes partes del imperio, éstos comenzaban a llorar. Muchos de ellos se vistieron de cilicio y de ceniza, y ayunaron y oraron.

Hechos clave

Los persas adoraban a sus dioses a través de sus gobernantes, y por esta razón Mardoqueo no quiso inclinarse ante Amán.

Mardoqueo envió un mensaje a la reina Ester, en el que le decía que debía presentarse ante el rey y rogar por la vida de su pueblo.

Ester envió a su siervo a recordarle a Mardoqueo que todo el que se acercara al rey sin haber sido llamado, sería condenado a morir, a menos que el rey extendiera su cetro hacia esa persona y la perdonara. ¿Cómo se acercaría Ester al rey y rogaría por su pueblo? No había visto al rey en los últimos treinta días.

Confiando en que el Señor ayudaría a su pueblo, Mardoqueo le mandó a decir a Ester:

—"No pienses que escaparás en la casa del rey más que cualquier otro judío. Porque si callas absolutamente en este tiempo, respiro y liberación vendrá de alguna otra parte para los judíos; mas tú y la casa de tu padre pereceréis. ¿Y quién sabe si para esta hora has llegado al reino?"

Cuando Ester recibió este desafiante mensaje, envió a decir a su primo:

—"Entraré a ver al rey, aunque no sea conforme a la ley; y si perezco, que perezca".

Ester esperó tres días. Se puso sus vestiduras reales y fue hasta el patio interno de la casa del rey. El rey Asuero, sentado sobre su trono, vio que la reina permanecía fuera. Extendió su cetro, y Ester se acercó y lo tocó.

Dios dice:

"¿Y quién sabe si para esta hora has llegado al reino?" -Ester 4:14.

—"¿Qué tienes, reina Ester, y cuál es tu petición? Hasta la mitad del reino se te dará".

—"Si place al rey, vengan hoy el rey y Amán al banquete que he preparado para el rey".

Así que el rey y Amán asistieron al banquete que Ester había preparado. Allí, el rey Asuero le preguntó nuevamente qué es lo que ella deseaba. Ester invitó al rey y a Amán a cenar al día siguiente; en ese momento ella le revelaría su petición.

Amán, feliz, corrió hasta su casa a contarle a su esposa que nuevamente sería el invitado especial de la reina.

—"Pero todo esto de nada me sirve cada vez que veo al judío Mardoqueo sentado a la puerta del rey" —terminó diciendo con el ceño fruncido.

La esposa de Amán le sugirió que construyera una elevada horca y que, a la mañana siguiente, le pidiera permiso al rey para colgar a Mardoqueo. A Amán le gustó la idea e hizo construir inmediatamente la horca.

Esa noche el rey no pudo dormir. Para entretenerse, hizo que un escriba trajera los registros del reino y se los leyera. Pronto, el escriba llegó al registro de cómo Mardoqueo había denunciado a los dos traidores que habían planeado asesinar al rey.

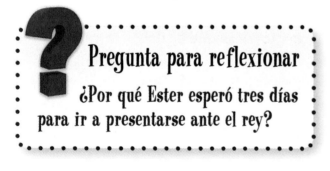

Pregunta para reflexionar

¿Por qué Ester esperó tres días para ir a presentarse ante el rey?

—"¿Qué honra o qué distinción se hizo a Mardoqueo por esto?" —preguntó Asuero.

Y los siervos le respondieron:

—"Nada se ha hecho con él".

Para entonces ya había amanecido. El rey dijo:

—"¿Quién está en el patio?"

Amán se había levantado muy temprano con el objetivo de ir al palacio a pedirle permiso al rey para colgar a Mardoqueo. Uno de los siervos del rey lo vio y lo anunció:

—"He aquí Amán está en el patio".

—"Que entre" —dijo el rey.

Entonces Amán se acercó, y el rey le preguntó:

—"¿Qué se hará al hombre cuya honra desea el rey?"

Amán pensó: *¿A quién deseará el rey honrar más que a mí?* Así que el orgulloso hombre dijo:

—"Para el varón cuya honra desea el rey, traigan el vestido real de que el rey se viste, y el caballo en que el rey cabalga, y la corona real que está puesta en su cabeza; y den el vestido y el caballo en mano de alguno de los príncipes más nobles del rey, y vistan a aquel varón cuya honra desea el rey, y llévenlo en el caballo por la plaza de la ciudad, y pregonen delante de él: Así se hará al varón cuya honra desea el rey".

El rey dijo a Amán:

—"Date prisa, toma el vestido y el caballo, como tú has dicho, y hazlo así con el judío Mardoqueo, que se sienta a la puerta real; no omitas nada de todo lo que has dicho".

Sabiendo que sería ejecutado si no obedecía, Amán tomó el vestido y el caballo, vistió a Mardoqueo y lo condujo a caballo por toda la ciudad, gritando:

—"Así se hará al varón cuya honra desea el rey".

Después, Amán se apuró a volver a su casa, apesadumbrado y con su cabeza cubierta. Pronto, los siervos del rey llegaron para llevar a Amán al segundo banquete de la reina Ester. Mientras el rey y Amán cenaban con ella, el rey Asuero preguntó nuevamente:

—"¿Cuál es tu petición, reina Ester, y te será concedida? ¿Cuál es tu demanda? Aunque sea la mitad del reino, te será otorgada".

—"Oh rey, si he hallado gracia en tus ojos —respondió Ester—, y si al rey place, séame dada mi vida por mi

Hechos clave

En Persia, una vez que el rey emitía una ley, no podía ser cambiada.

petición, y mi pueblo por mi demanda. Porque hemos sido vendidos, yo y mi pueblo, para ser destruidos, para ser muertos y exterminados".

—"¿Quién es, y dónde está, el que ha ensoberbecido su corazón para hacer esto?" —exigió el rey.

—"El enemigo y adversario es este malvado Amán" —dijo Ester, señalando hacia el jefe de los príncipes.

El rey Asuero se puso de pie muy enojado y salió hacia el jardín del palacio. Amán estaba aterrorizado, y se dirigió a la reina para suplicar por su vida. Cuando el rey volvió a la sala del banquete, Amán había caído sobre el sofá donde Ester estaba sentada. El rey dijo:

—"¿Querrás también violar a la reina en mi propia casa?"

Cuando dijo esto, sus siervos cubrieron el rostro de Amán. Sabían que ya estaba condenado a muerte. Uno de los eunucos dijo al rey:

—"He aquí en casa de Amán la horca de cincuenta codos de altura que hizo Amán para Mardoqueo, el cual había hablado bien por el rey".

Entonces el rey dijo:

—"Colgadlo en ella".

Así colgaron a Amán en la horca que él mismo había mandado a construir.

El rey Asuero llamó a un escriba para que escribiera un mensaje para todos los judíos de todas las provincias del reino, autorizándolos a reunirse en grupos y luchar por su vida el día que había sido destinado para su destrucción. Los judíos se organizaron en grupos armados y defendieron a sus familias en ese día. Al día siguiente, los judíos celebraron una fiesta. Y la reina Ester emitió un edicto de que los judíos debían guardar ese día anualmente como un día de fiesta y de alegría.